Diana Cooper

Dein Aufstieg ins Licht

Schlüssel zur Entfaltung deines Meisterpotenzials

Edition Sternenprinz

Aus dem Englischen von
Hans-Jürgen Maurer

Lektorat: Petra Danner
Korrektorat: Nadine Drexl, Sylvia Schaible

Titel der Originalausgabe:
A New Light on Ascension

Zweite Auflage 2007

Covergestaltung: Constanze Sträter
Satz und Innengestaltung: Hans-Jürgen Maurer

Edition Sternenprinz im Hans-Nietsch-Verlag
Poststraße 3, D-79098 Freiburg

info@nietsch.de
www.nietsch.de

ISBN 978-3-939570-05-9

Dein Aufstieg ins Licht

Inhalt

Einführung

Am 31. Dezember 2003, genau neun Jahre, nachdem Kumeka sich uns vorgestellt hatte, verbrachten Shaaron Hutton und ich den Silvesterabend zusammen. Es wurde klar, wie sehr wir uns seit unserem ersten Treffen verändert und weiterentwickelt hatten.

Wie du in dieser aktualisierten Version von *Dein Aufstieg ins Licht* lesen wirst, wurden mittlerweile Strahl acht (dessen Chohan bzw. Herr Kumeka ist) bis zwölf auf der Erde verankert. Das mächtige Wesen Kumeka hat nun gleichzeitigen Zugang zu mehr als einer Million Menschen. Kumeka beeindruckt viele Lichtarbeiter auf der Erde und einige von ihnen channeln ihn. Trotzdem sagt er – zu unserem Erstaunen –, dass Shaaron und ich seine hauptsächlichen Channel-Medien seien.

Shaarons Hellsichtigkeit und andere übersinnliche Fähigkeiten haben in der Zwischenzeit dermaßen zugenommen, dass sie das klarste, genaueste und bescheidenste Channel-Medium ist, das ich kenne. Dazu ist sie absolut selbstständig und fragt Kumeka so gut wie nie um Rat für sich selbst. Sie besitzt absolutes Vertrauen zu ihrer Verbindung zu ihm, und mit seiner Unterstützung hilft Shaaron im Zusammenhang mit ihren Seelen-Readings vielen Menschen, ihren eigenen höchsten Weg zu finden.

Mit der Hilfe und Inspiration von Kumeka schrieb ich seit der ersten Ausgabe von *Dein Aufstieg ins Licht* fünf weitere Bücher. Oft durchfließen mich Ströme von Bewusstsein. Als ich Kumeka einmal fragte, warum dies nicht immer so sein kann, antwortete er, dass ich schließlich keine Stenografin sei. Ich muss selbst suchen, reisen, lesen und forschen und dabei offen für göttliche Inspiration sein. Anders wollte ich es auch gar nicht haben, denn so bin ich frei.

Mit der Vision, die Menschen zu befähigen, das Licht der Engel und das Wissen über den Aufstieg und die heiligen Mysterien des Universums zu verbreiten, gründete ich vor zwei Jahren die *Diana Cooper School of Angels and Ascension*. Mittlerweile sind aus dieser Schule über 100 Lehrer hervorgegangen, die das Licht verbreiten, und so habe ich – im Einklang mit den Prinzipien des Wassermannzeitalters – die Leitung der Schule den Lehrern übergeben, damit sie die Schule weiterentwickeln und -bringen. Es war ein aufregendes und erstaunliches Projekt.

Kumeka möchte nun, dass Shaaron und ich das Konzept für eine Atlantische Mysterienschule vorbereiten, in der die Weisheit und das Wissen aus der Blütezeit von Atlantis gesammelt und an alle weitergegeben werden, die dafür bereit sind. Informationen zu dieser Schule werden zu gegebener Zeit auf meiner Website www.dianacooper.com zu finden sein.

Kumeka wünscht, mit vielen weiteren Menschen in Kontakt zu kommen. Er bat uns, jemanden zu finden, der Musik komponieren kann, die ihn und seine Energie reflektiert und es dem Zuhörer leicht macht, sich mit ihm zu verbinden. Andrew Brel schuf die wundervolle CD *Music for Kumeka*, die es allen Hörern ermöglicht, Kumekas Macht, Herrlichkeit und Kraft sowie seine Sanftheit, sein Mitgefühl und seine Stärke zu fühlen.

Ich hoffe sehr, dass du diese aktualisierte Version von *Dein Aufstieg ins Licht* genießen wirst und dass dieses Buch dir auf deinem Weg des Lichts weiterhelfen kann.

EINE VISUALISATION, UM KUMEKA ZU BEGEGNEN:

1. Mach es dir bequem und entspanne dich.
2. Werde ruhig und still.
3. Stell dir vor, wie du eine strahlend weiße Treppe emporsteigst, die zu einem majestätischen Tempel führt.
4. Stoße die Pforten des Tempels auf und trete in den heiligen Raum ein. Er ist ganz leer – bis auf Kumeka.
5. Gehe zum Altar und zünde eine Kerze an.
6. Setze dich zu Lord Kumeka. Stelle dich vor und sage ihm, was du möchtest. Stelle all deine Fragen oder bitte um Hilfe.
7. Danke ihm und ziehe dich wieder zurück.

1. Kapitel

Aufstieg

Aufstieg heißt, seine Schwingung auf die Ebene des Lichts zu erhöhen. Da jedes Wort, jeder Gedanke, jede Emotion und jede Handlung eine Schwingung ist, die unsere Aura formt, bedeutet Aufstieg das Klären unserer Gedanken und Gefühle und das Ausüben liebevoller Taten für das höchste Wohl, bis wir in dieser höheren Frequenz strahlen. Dann leben wir in Freude und Freiheit.

Jene, die nur physisch ausgerichtet sind und nur an das glauben, was sie sehen, hören und fühlen können, tuckern buchstäblich im dritten Gang durch das Leben. Von außen betrachtet klammern sie sich an das Lenkrad und fürchten sich vor dem, was ihnen alles passieren könnte. Sie leben nach den menschlichen Gesetzen, sie fluchen und beschuldigen die anderen Fahrer und trauen sich nicht, die Spur zu wechseln, da sie sich vor den Konsequenzen fürchten. Meistens glauben sie auch, dass ihre eigene Fahrbahn diejenige ist, auf der alle anderen auch fahren sollten.

Wenn wir uns mehr den spirituellen Wahrheiten und besonders der bedingungslosen Liebe öffnen, legen wir, bildlich gesprochen, den vierten Gang ein – oder sehen in die vierte Dimension. Dies bedeutet, dass wir uns entspannt und voller Vertrauen durch das Leben bewegen, alle anderen Fahrer auf ihren Wegen achten und immer unserer Intuition folgen. Wir wissen, dass die Reise einer jeden Person ihre ganz spezielle und einzigartige Mission ist.

Wenn wir akzeptieren, dass wir zuerst Geist und Teil der Göttlichen Einheit sind, übernehmen wir die Meisterschaft über unsere Bestimmung. Wenn wir erkennen, dass wir Mitschöpfer sind und die Macht und die Verantwortung besitzen, die damit einhergehen, dann schalten wir in den fünften Gang – oder in die fünfte Dimension. Dann fahren wir locker und entspannt auf unserer Straße des Lebens und helfen anderen auf ihrem Weg. Wir lassen von unserem niederen Willen los und widmen unsere Reise einem höheren Ziel.

Und wenn wir uns dann entscheiden, uns zu entspannen und die Reise zu genießen, dann öffnen wir das Sonnendach und lassen das Licht ein. Das ist Aufstieg.

Viele Menschen haben eine falsche Vorstellung vom Aufstieg oder fürchten sich sogar davor. Einige glauben, es würde bedeuten, mit dem physischen Körper gen Himmel zu fahren, doch dies ist nicht so. Das war zwar vor zweitausend Jahren der Fall, als die Schwingungsebene der Menschen noch nicht die Frequenz des Lichts halten konnte, doch heute haben wir uns weiterentwickelt. Macht euch also keine Sorgen. Keiner muss durch das Sonnendach verschwinden und seine Familie verlassen. Während des Aufstiegs bleibst du einfach in deinem Fahrersitz und lässt dich von der Quelle – von Gott, dem Schöpfer – führen, oder was für eine Bezeichnung du auch immer für die Kraft des Universums hast.

■ *Früher war es nicht möglich, seine Schwingung zu erhöhen und gleichzeitig im physischen Körper zu bleiben, doch heute ist dies möglich. Die meisten Menschen, die aufsteigen, entscheiden sich, auf der Erde zu bleiben und der Menschheit zu dienen.*

Wenn du dich entscheidest, beim Aufstieg in deinem physischen Körper zu bleiben, wirst du weiterleben wie zuvor. Doch du wirst scheinen und schimmern und in einer höheren Frequenz strahlen. Du wirst Freude, bedingungslose Liebe und Einheit mit allen empfinden und du wirst dir selbst deinen Himmel auf Erden erschaffen. Dein Schwerpunkt wird der Dienst an der Menschheit sein, sodass deine persönlichen Bedürfnisse hinter deinem Verlangen, dem Alles-Was-Ist zu dienen, zurückstehen werden.

- *Wenn du zu einem Aufgestiegenen Meister wirst, werden allein schon deine Gedanken und deine Worte schöpferisch sein. Du wirst unglaublich machtvoll sein.*

Um aufsteigen zu können, musst du dein Karma aus allen früheren Inkarnationen ausgleichen. Unter Karma versteht man die Bilanz der guten und schlechten Gedanken, der Worte und Taten, die durch alle Leben hinweg aufgezeichnet wurden. In der dritten Dimension ist es so, dass die Früchte einer Tat aus niederer Motivation nicht sofort, sondern zu einem viel späteren Zeitpunkt geerntet werden können. So scheint es keinen Zusammenhang zwischen deinem Lebensstil und dem, was das Schicksal dir bietet, zu geben.

In höheren Dimensionen musst du deine Schulden gleich zurückzahlen. Wenn dein Karma schließlich abgetragen ist, erschaffst du spontanes Karma. Das heißt, wenn du einen negativen Gedanken hast oder eine zweifelhafte Handlung begehst, wird dich die Konsequenz wie ein Bumerang treffen. Wenn es dir scheint, dass dir das Leben niemals etwas durchgehen lässt, sei dankbar. Dann hast du nämlich das Stadium des spontanen Karmas erreicht und so die Möglichkeit, deine Bilanz im Gleichgewicht zu halten.

- *Jeder Gedanke, jedes Gefühl oder Wort schwingt auf einer bestimmten Frequenz, die Menschen und Situationen der gleichen Wellenlänge in dein Leben bringt. Dadurch wird alles, was du aussendest, auch wieder zu dir zurückkehren. Dies stellt sicher, dass die äußerlichen Umstände deines Lebens genau das reflektieren, was in dir vorgeht. Es obliegt dir selbst, in den Spiegel zu schauen, den das Leben dir vorhält, und dich selbst zu ändern und nicht die Reflexionen.*

ES GIBT JEDOCH DREI AUSNAHMEN:

1. Vielleicht bist du noch an Absprachen aus früheren Leben gebunden, die das Erscheinen von niedrig schwingenden Menschen und Umständen in deinem Leben verursachen. Diese Absprachen müssen respektiert werden.
2. Vielleicht musst du schwierige Situationen und Menschen erleben, um deine gewählte Mission oder dein Schicksal zu erfüllen. Viele große spirituelle Lehrer müssen fürchterliche Traumen bewältigen. Schau dir nur die Leben der großen Lehrer der Vergangenheit an, so z.B. Jesus Christus.
3. Vielleicht handelt es sich bei deiner schwierigen Erfahrung um eine Einweihungsprüfung. Viele, die sich auf dem Weg des Aufstiegs befinden, haben bereits ihr Karma abgetragen, müssen aber bestimmte Prüfungen durchlaufen. Sie werden von den spirituellen Meistern auferlegt, die uns damit ermöglichen, unsere schwachen Seiten zu stärken. Dies können schwierige Partnerschaften, finanzielle Probleme oder Konflikte im Beruf sein.

Um aufsteigen zu können, müssen wir zuerst die Mission beenden, die wir für dieses Erdenleben angenommen haben. Einige Menschen besitzen ein inneres Wissen über ihre Mission, sodass sie genau das tun, wozu sie hergekommen sind. Andere müssen vielleicht in der Meditation Kontakt zur Blaupause ihres Lebens aufnehmen. Falls du deine Lebensaufgabe nicht kennst, ist es wichtig, dass du die richtigen Entscheidungen triffst, die dir deine Lebensaufgabe näherbringen. Manchmal müssen wir schwierige Entscheidungen treffen, um sicherzustellen, dass wir auch das tun, wozu wir uns vor unserer Inkarnation verpflichtet haben.

Vor einigen Jahren, als ich bereits auf meinem Weg war, fühlte ich plötzlich, dass ich einige Veränderungen vornehmen sollte, damit ich meine wahre Mission vollenden konnte. Dafür musste ich verschiedene äußere Bedingungen ändern. Nachdem ich diese Veränderungen vorgenommen hatte, wurde mir gesagt, dass in meinen Chakren schon seit vielen Leben einige Farben nicht entwickelt worden seien. Es hatte mit der Fähigkeit zu tun, leicht Veränderungen durchzuführen und mit Geld umzugehen. Mir wurde vorgeschlagen, dass ich über die nächsten zwei oder drei Jahre jede Möglichkeit ausschöpfen sollte, diese Farben in mir zu entwickeln, damit ich für meine Mission vorbereitet sei.

Ich empfand dies als ungeheure Hilfe. Wenn ich nun mit einer schwierigen Situation konfrontiert war, dachte ich nicht mehr: »Hilfe! Wie kann ich dieses Problem nur lösen?«, sondern: »Aha, dies ist eine neue Gelegenheit, mich zu stärken, damit ich meine Arbeit in Zukunft besser mache.« Meine ganze Einstellung hat sich geändert und ich wurde wirklich sehr viel stärker.

Oft sagen Leute zu mir: »Ich weiß, dass ich nicht das tue, wofür ich inkarniert bin, doch ich muss noch einige Zeit in diesem Beruf bleiben, um noch mehr Geld zu verdienen.« Oder: »Ich weiß, dass dies nicht die richtige Partnerschaft für mich ist, doch ich glaube nicht, dass ich ganz allein zurechtkäme.« Auch ich hatte einmal solche Einstellungen und verstehe diese Ängste sehr gut. Doch je länger wir zaudern, umso langsamer ist unsere Entwicklung. Manchmal frage ich: »Seit wie vielen Leben bleibst du schon bei dieser Prüfung hängen?« Die Antwort lautet dann oft: sechs oder sogar zehn Leben!

Beim Aufstieg verwandelt sich dein ganzer Körper in Licht, inklusive deiner Kleidung. Dann kehrst du in deinen physischen Körper zurück, um der Menschheit auf höherer Ebene helfen zu können, oder du verlässt den Körper, um von außerhalb zu dienen.

■ *Zur Zeit gibt es auf der Erde ungeahnte Möglichkeiten, um ins Licht aufzusteigen – ganze Aufstiegswellen finden statt. Höhere Wesen, Erzengel und Engel helfen uns und spirituelle Energie wird ausgesandt, um uns zu unterstützen.*

Ein wesentlicher Bestandteil auf dem Weg zum Aufstieg ist Kooperation. Nur wenige steigen isoliert auf. Wir werden gebeten, die Hände unserer Mitbrüder und -schwestern zu halten und gemeinsam voranzuschreiten.

Du bist dem Aufstieg wahrscheinlich näher, als du denkst. Wenn du die unglaublichen Möglichkeiten wahrnehmen möchtest, die momentan für die spirituelle Entwicklung deiner Seele zur Verfügung stehen, konzentriere dich auf deine Absicht und verlange danach, dass alles, was du denkst, sagst und tust, nur noch aus den höchsten und reinsten Motiven geschieht.

Der Aufgestiegene Meister Lord Kuthumi hat einmal gesagt: »Wenn die mit reinem Herzen und Geist nur wüssten, wie nah sie dem Aufstieg sind.«

- *Wir leben in einer unglaublichen Zeit. In der Geschichte der Menschheit hat es niemals zuvor eine solche Gelegenheit für spirituelles Wachstum gegeben.*

Dieses Buch möchte dich inspirieren und dir Informationen an die Hand geben, die dir in diesem Leben helfen sollen, auf der Welle des Aufstiegs zu gleiten, damit du unsterblich werden kannst. Du kannst das Rad der Wiedergeburt verlassen. Du kannst zu einem Herrn des Lichts, zu einem Aufgestiegenen Meister werden.

2. Kapitel

Meditation

Wer einen Platz in dieser Schule, genannt »Erde«, zugeteilt bekommt, hat – nach universalem Verständnis – außergewöhnlich viel Glück gehabt. Viele bewerben sich, wenige werden angenommen. Millionen von Seelen möchten sich jetzt inkarnieren, da es momentan auf der Erde diese ungewöhnliche Möglichkeit zu spirituellem Wachstum gibt. Wir haben eine schwierige Mission angenommen und wissen, dass wir vielleicht ganz von vorne beginnen müssen, falls wir keinen Erfolg haben. Wenn wir aber erfolgreich sind, wird die Belohnung unsere kühnsten Erwartungen übertreffen.

Es ist, als wärest du in einen Dschungel geschickt worden. Dir wurden eine Landkarte gezeigt und einige präzise Erklärungen gegeben. Dann nahm man dir die Karte wieder weg und hat dich noch einmal daran erinnert, dass du täglich Funkkontakt mit der Basisstation aufnehmen sollst. Die ständige Kommunikation soll dich führen und dir allen Rat und alle Hilfe geben, die du brauchst. Trotzdem musst du lernen, die Gefahren und Schwierigkeiten im Dschungel selbst zu bewältigen und wichtige Entscheidungen selbst zu treffen.

Einige Menschen geraten in den Dschungel des Lebens und vergessen zu kommunizieren. Andere sind zu ungeduldig und wollen sofort wissen, wie das Kommunikationssystem funktioniert. Wieder andere hören zu, folgen aber dem Rat nicht. Die meisten aber bitten fortdauernd um Rat und schreien nach Hilfe, warten aber nicht auf eine Antwort.

Das Funksystem besteht natürlich aus Gebet und Meditation. Gebet ist unsere Kommunikationsmethode. Wir erklären unsere Situation und bitten um das, was wir brauchen. Wenn du nun in einer schwierigen Lage steckst und die Basisstation um Hilfe und Führung anrufst, kannst du davon ausgehen, dass du sie auch bekommst. Die meisten Menschen beten um Hilfe in einer mechanischen Weise, ohne wirklich eine Antwort zu erwarten. Wenn du im Dschungel bist und mit der Quelle sprichst, ist es hilfreich, wenn du die Situation erklärst und genau sagst, was du brauchst. Frage dann um Rat und wisse, dass die Antwort kommen wird.

- *Gehe einfach davon aus, dass dein Ruf nach Führung und Hilfe beantwortet wurde, und handle so, als wäre die Hilfe schon unterwegs.*

Meditieren heißt, der Antwort der Quelle zuzuhören. Der Verstand wird still und von allen störenden Einflüssen befreit. Du bekommst eine so klare Verbindung wie möglich. Alle Meditationstechniken sind dafür gedacht, den Verstand still werden zu lassen.

Bei den meisten von uns kommt die Antwort nicht in der Meditation in Worten ausformuliert, obwohl auch das vorkommen kann, wenn die Leitung klar genug ist. Manchmal wird uns in der Stille der Meditation ein Samenkorn in den Geist gepflanzt. Dieses Samenkorn enthält die benötigten Informationen, und indem es wächst, gelangen die Details in unser Bewusstsein. Manchmal wird uns die gewünschte Information auch über ein Buch oder eine Fernsehsendung geschickt. Manchmal sagt ein Fremder die Worte, die wir hören müssen. Gelegentlich wird sogar kodierte Information in unserem Geist entschlüsselt, die dort eingeschlossen war, ohne dass wir es wussten. Die Hilfe oder die Antwort kann aus heiterem Himmel kommen und es ist unsere Aufgabe, empfänglich zu sein.

Wenn du deine Instruktionen vergessen hast und dein Funkgerät nicht benutzt, kann der Dschungel Furcht einflößend sein.

Bevor wir auf die Erde gekommen sind, wurde unsere Mission ganz genau mit uns besprochen, und wenn wir sie nicht bis zu Ende durchführen, müssen wir zurückkommen und es noch einmal versuchen - zumindest das, was wir vorher nicht geschafft haben. Wenn es Teil unserer Lebensaufgabe ist, mit bestimmten Emotionen umzugehen, wir aber Beziehungen vorzeitig beenden, Emotionen unterdrücken oder ungemeistert lassen und dadurch unsere Mission aufgeben, werden wir die gleichen Leute und Situationen wieder treffen. Wenn wir nicht mit unseren Ängsten umgehen, werden wir ihnen erneut begegnen. Einige Menschen müssen in ihrem Dschungel durch sehr viele Sümpfe waten.

Manche Menschen hatten bereits sehr viele Missionen auf der Erde und verfügen über sehr viel Erfahrung. Andere sind schon oft durch die Wüste marschiert und haben noch nie einen Dschungel gesehen. Und trotz ihrer großen Erfahrung kann das Leben im Dschungel für sie extrem schwierig sein. Wieder andere haben Berge erklommen, sind über die Meere gesegelt oder haben sich zum Nordpol durchgeschlagen, doch wenn sie in einen Dschungel kommen, sind sie völlig verloren.

Mit anderen Worten: Es gibt einige hoch entwickelte Wesen unter uns, die ihre Erfahrungen auf anderen Planeten, Galaxien oder sogar in anderen Universen gemacht haben. Wie weit du als Seele auch entwickelt sein magst, wenn du auf der Erde noch nicht viele Erfahrungen gemacht hast, kannst du dich hier sehr verloren fühlen. Andere Ebenen der Existenz hast du vielleicht schon gemeistert, doch sie boten dir nicht diese Art sexueller, emotionaler und finanzieller Erfahrungen. Die materielle Ebene ist unter den zu besteigenden Bergen der Mount Everest.

Viele, die sich jetzt inkarnieren, haben noch einiges zu erledigen oder Karma auszugleichen und haben zugestimmt, dies am Anfang ihres Leben zu tun. Wenn sie es hinter sich haben, müssen sie sich einen neuen Weg suchen.

Mir scheint, als seien viele Menschen in diesem Zwischenstadium. Sie fühlen den Druck, in eine neue Richtung gehen zu müssen, wissen aber nicht, welche Schritte sie tun sollen. Die Antwort ist natürlich folgende: Stelle deine Antenne auf höhere Wellenlängen ein und lausche auf eine Antwort. Dann handle.

Sobald du dein Karma ausgeglichen hast, wird dir deine Mission offenbart werden.

EINIGE EINFACHE MEDITATIONSÜBUNGEN:

Um diese Übungen auszuführen, ist es nicht nötig, etwas zu sehen. Fühle, spüre oder stelle es dir einfach vor und du wirst feststellen, dass du zentrierter wirst und Informationen für dein höchstes Wohl empfangen kannst.

Übung 1

1. Mach es dir bequem und schließe die Augen.
2. Entspanne dich ganz bewusst, indem du dich nacheinander auf jeden Körperteil konzentrierst und ihn bittest, sich zu entspannen.
3. Stell dir vor, wie du langsam Licht in deinen Nabel einatmest.
4. Öffne dein Kronenzentrum und lass goldenes Licht in deinen Geist fließen.
5. Richte deine Augen innerlich auf dein Drittes Auge und atme ganz entspannt.

Übung 2

1. Mach es dir bequem und schließe die Augen.
2. Fühle, wie jedes Ausatmen deinen Körper bewegt und langsam entspannt.
3. Stell dir vor, wie du auf einem blumenbewachsenen Weg durch grüne Landschaften gehst.
4. Setze dich an einen strahlend blauen See.

5. Lasse deinen Blick auf der stillen Oberfläche ruhen und fühle, wie dich die Sonne warm bescheint.
6. Denke bei jedem Ausatmen das Wort »Ruhe«.

3. Kapitel

Reinigung

Um aufsteigen zu können, müssen wir mental, emotional und physisch so rein wie möglich sein. Negative Emotionen, mit denen wir uns noch nicht auseinandergesetzt haben, hinterlassen in den Körperzellen und in der Aura Ablagerungen und ziehen negative Situationen und Menschen an. Wenn da noch eine Beziehung ist, die noch nicht gelöst ist und in der wir dem anderen noch nicht vergeben haben, ist es dringend erforderlich, die nötige Arbeit *jetzt* zu tun.

Wenn du ein lächelndes Gesicht aufsetzt, aber noch Groll und Verletztheit verbirgst, höre bitte damit auf, dir etwas vorzumachen.

- *Spirituell sein heißt nicht, lieb und gut zu sein, sondern ehrlich und echt.*

Nur dann kann das trübe Gewässer der gärenden negativen Emotionen erkannt und geklärt werden.

Wenn deine Emotionen aufgewühlt oder eingefroren sind, gehe in die Stille, zentriere dich und bitte, dass dir der Glaubenssatz, der dahinter verborgen liegt, offenbart wird. Hinter jedem emotionalen Ungleichgewicht steckt ein Glaubensmuster, aus dem deine Gefühle entstehen. Sobald du diesen Glaubenssatz herausgefunden hast, kannst du ihn mit Affirmationen verändern.

Wenn du z. B. den unbewussten Glaubenssatz hast, dass es unsicher wäre, schwachen Männern zu trauen, und du deswegen wütend wirst, kannst du dir sagen: »Es ist sicher, mir selbst und anderen zu vertrauen.« Wenn du herausfindest, dass du eine unbewusste tiefe Überzeugung hast, immer alles falsch zu machen, so bestätige dir stattdessen: »Ich mache alles richtig.«

Durch den weisen und erwachsenen Teil von uns fließen die Emotionen frei. Wenn sie jedoch blockiert werden oder außer Kontrolle geraten, ist ein Teil von uns immer noch in der Kindheit gefangen und reagiert auf Begrenzungen.

Einmal kam eine Frau zu mir, der es immer schlecht wurde, wenn ihr Chef nervös war. Sie war in ihrem Beruf sehr gut und wusste genau, wie sie ihren Chef besänftigen konnte. Trotzdem wurde ihr übel, wenn er seine ärgerlichen Schwingungen aussandte. Da sie extrem sensitiv war, wurde ihr klar, dass sie unbewusst Angst hatte, ihr Chef könnte genauso aggressiv werden wie ihr Vater früher. Ganz automatisch fühlte sie sich wieder wie das machtlose Kind, das für gewöhnlich geohrfeigt, zu Bett geschickt oder öffentlich gedemütigt wurde. Die alten Emotionen waren noch in ihrem Magen blockiert und verursachten in bestimmten Situationen die gleiche Übelkeit wie schon damals als Kind.

Um sich zu heilen und ihre Kraft von dieser Art Männer zurückzufordern, lernte sie, sich um das blockierte Kind in ihrem Inneren zu kümmern und es zu beschützen. Sie visualisierte, wie sich ihr erwachsener Anteil gegen den Vater auflehnt und ihm sagt, dass er kein Recht habe, das Kind so zu behandeln. Dann stellte sie sich vor, wie sich ihr Vater bei dem Kind entschuldigte und ihm erklärte, dass er ja gar nicht auf es wütend sei, sondern auf irgendwelche anderen Umstände. Sie stellte sich vor, wie der Vater das Kind in den Arm nahm und ihm sagte, dass er es liebte. Die Frau wandte diese Visualisation so lange an, bis sich ihr blockierter Teil sicherer fühlte. Danach war es ihr möglich, wie eine weise und reife Erwachsene zu reagieren, wenn ihr Chef wütend war.

Sofort erschienen zwei weitere Menschen in ihrem Leben, die genauso wütend sein konnten wie ihr Chef. Die Frau war sehr erfreut, als sie sehen konnte, wie sie mit diesen beiden Menschen ruhig und gefestigt umgehen konnte, ohne dass ihr dabei übel wurde. Da wusste sie, dass sie eine ihrer Lebenslektionen gelernt und alte, festhängende Emotionen gelöst hatte.

Dies zeigt uns, dass wir auch unsere blockierten Teile heilen müssen, die noch auf alte Begrenzungen reagieren. Probiere dazu die Visualisation am Ende dieses Kapitels aus.

Emotionen werden physisch durch unsere Körperflüssigkeiten ausgedrückt: Tränen, Lymphe, Urin und Speichel. Fließen diese frei und gesund oder blockierst du ihren Fluss in irgendeiner Art?

Dein physischer Körper ist dein Tempel. Unflexible und unangemessene Glaubensmuster und Einstellungen zeigen sich durch verspannte Muskeln. Wenn du verspannt bist, dann tanze und bewege dich, schüttele die Verspannung ab, mache Entspannungsübungen und Visualisationen, mach einen Spaziergang in der Natur, lache und singe, tue alles, das dir dabei hilft loszulassen, bis sich dein Verstand entspannt.

Physische Reinigung hat auch einen Einfluss auf deine Spiritualität. Mein Führer Kumeka hat mir gesagt, dass Schokolade, Zucker, alle Milchprodukte und überhaupt alle Produkte, die aus etwas hergestellt sind, was ein Gesicht hatte, das eigene Licht schwächen. Dies gilt auch für Gemüse, die mit Pestiziden behandelt wurden. Reinigung heißt, unseren physischen Tempel sauber, klar und beweglich zu halten.

Wenn wir die Quelle verlassen, verschließen wir uns. Und je weiter wir uns von der Quelle entfernen, umso verspannter werden wir auf der Zellebene. Wenn sich in uns Zellen verspannen, sind sie von Dichte umgeben.

Stell dir vor, dass eine Zelle wie eine Glühbirne ist. Der Faden im Zentrum der Zelle ist unsere wahre zwölfstrangige DNS. Wenn die Glühbirne an das Stromnetz angeschlossen ist, glüht der Faden. Doch in den meisten von uns behindern Schmutz und Staub die Verbindung. Selbst um die Glühbirnen herum befinden sich Schichten von Schmutz oder Angst aus früheren Leben. Putze die Glühbirne und reinige die Verbindung. Dann wird das Licht scheinen!

- *Die Zellen deines Körpers sind wie eine Billion Glühbirnen. Wenn du dich entspannst, reinigst und an die Quelle anschließt, wirst du zu einem Kraftwerk aus Licht.*

Der Aufgestiegene Meister Saint Germain, der einer der bedeutendsten Eingeweihten ist, hat uns die Violette Flamme der Reinigung zur Verfügung gestellt. Dies ist eine weitere Hilfe der Quelle, um unseren Prozess zu beschleunigen. Wenn wir um die Violette Flamme bitten und sie uns vorstellen, findet Reinigung auf all jenen Ebenen statt, auf denen wir es zulassen.

Wenn du dich über jemanden geärgert hast oder dich seine bloße Anwesenheit nervt, rufe die Violette Flamme und stelle dir vor, wie sie euch durchdringt. Die Violette Flamme hilft dir, all deine Beziehungen zu reinigen. Wenn du gerne bestimmte Gefühle gereinigt hättest, bitte Saint Germain um Hilfe, rufe die Violette Flamme und tritt in sie hinein. Wenn du in einer unangenehmen oder schwierigen Situation steckst, umgib sie mit der Violetten Flamme. Wann immer ich dies getan habe, fühlte ich mich besser und die Situation oder Beziehung hat sich sanft verwandelt.

- *Um dein Leben zu reinigen, umgib jeden Menschen, der dir je etwas angetan hat, und jeden Menschen, dem du je etwas angetan hast, mit der Violetten Flamme.*

Eine sehr kraftvolle Affirmation ist: »Ich bin die Violette Flamme.« Sie verbindet deine eigene machtvolle ICH-BIN-Gegenwart mit der Violetten Flamme. In einigen spirituellen Disziplinen ist deine ICH-BIN-Gegenwart als der *Vater im Himmel* oder als die *Monade* bekannt.

In einem späteren Kapitel werde ich über die Einkehr mit Erzengeln sprechen. Wenn wir Reinigung benötigen, können wir darum bitten, zu Erzengel Gabriels Kraftzentrum gehen zu dürfen, der im ätherischen Bereich über Mount Shasta in Kalifornien liegt. Dies können wir in der Meditation oder während des

Schlafes tun. Wenn Reinigungsarbeit erfolgt ist, werden wir es spüren, da wir mit einem entsprechenden Traum aufwachen werden.

Nachdem ich zum ersten Mal darum gebeten hatte, zu Erzengel Gabriels Kraftort kommen zu dürfen, träumte ich von etwas, das in meiner Ehe einmal passiert war. In meinem Traum lag ich auf dem Boden und zuckte, während alte, kristallisierte Emotionen aus mir herausgezogen wurden.

In der folgenden Nacht bat ich wieder um Reinigung und hatte einen Traum, in dem eine junge Frau eine Treppe herunterkam und zu einem Platz gelangte, an dem es brannte. Plötzlich sah ich einen Blitz aus goldenem Licht, und als ich hineilte, um nachzusehen, fand ich nur noch ein Häufchen Asche. Hier hat ganz klar Transformation stattgefunden.

Feuer ist eine wichtige Hilfe zur Reinigung. Nutzlose und strenge Überzeugungen lassen uns grübeln und quälen und umgeben uns mit grauer Energie. Schreibe deine begrenzenden Glaubenssätze auf ein Stück Papier und verbrenne es.

Wenn du wütend auf jemand bist, schreibe deine Gefühle auf oder male ein Bild von der Person. Dann verbrenne es. Wenn es nicht möglich ist, Feuer zu machen, zerreiße das Papier in kleine Stücke und spüle es entweder die Toilette runter oder vergrabe es im Garten. Tue es mit Überzeugung und dem festen Willen, loslassen zu wollen. Mache dies so oft, bis du fühlst, dass sich die negativen Gefühle umgewandelt haben. Beobachte deine Gedanken in dieser Angelegenheit und du wirst sehen, ob und wie die Reinigung stattgefunden hat.

Heiler, Berater und sensitive Seelen, die die Probleme anderer Leute in sich aufnehmen, brauchen immer wieder Reinigung. Es hilft schon, sich einen Wasserfall oder eine Dusche vorzustellen, unter der man steht. Alternativ dazu kannst du dir beim Baden oder Duschen vorstellen, dass das Wasser alle Negativität wegwäscht. Vorstellungskraft in Verbindung mit Handlung ist sehr kraftvoll.

■ *Dunkelheit dient dem Licht und Angst dient der Liebe.*

Als ich einmal auf astraler Ebene angegriffen wurde, wies mich Kumeka an, alte Fotos zu verbrennen und meine Wut und Frustration loszuwerden, indem ich alle aufsteigenden Gefühle niederschrieb und das Papier dann verbrannte. Er sagte, ich solle ein Bild von der Person malen, die mich angriff, und es dann verbrennen. Mit Kumekas Hilfe reinigte ich mein Haus, beseitigte Unordnung, tapezierte neu und versprühte heiliges Wasser in jedem Raum. Ich achtete darauf, dass nur spirituelle Bücher in den Regalen standen, da sie reines Licht aussenden. Ich ließ Kerzen und Räucherstäbchen brennen und spielte fortdauernd das ewige OM ab.

Dann träumte ich, dass die goldene Kuppel um mein Haus mit kochendem Wasser angegriffen wurde. Es war allerdings erfolglos. Als ich mich und mein Haus schließlich gereinigt hatte, träumte ich sehr lebhaft, dass mich mein Angreifer suchte, aber nicht finden konnte. Die Reinigung hatte mich für ihn unsichtbar werden lassen.

Kumeka hat mich mit seiner Weisheit erinnert: »Schau, wie diese Person dir gedient hat. Sie hat dich zur Läuterung gezwungen.«

■ *Wir können die Dunkelheit segnen. Sie dient uns auf unserem Weg zum Aufstieg.*

ÜBUNGEN ZUR REINIGUNG:

Den blockierten Teil deiner selbst befreien

Dein weises, goldenes, unbegrenztes und erwachsenes Selbst ist immer frei. Alle negativen Emotionen haben ihren Ursprung im kindlichen Teil deiner selbst, das noch in alten Gefühlen festhängt.

1. Schließe deine Augen und nimm ein paar tiefe Atemzüge. Entspanne dich.
2. Denke an das letzte Mal, als du wütend warst, dich verletzt gefühlt hast oder auf irgendeine andere Art negativ warst. Lasse diese Gefühle hochkommen.
3. Dann frage dich: »Wie alt ist das blockierte Kind in mir?«
4. Fühle seine Angst und seinen Schmerz. Dein erwachsener Teil gibt dem Kind nun alles, was es braucht, um sich sicher, glücklich und frei zu fühlen.
5. Erinnere das Kind daran, dass du jetzt da bist und dich um es kümmern wirst.
6. Atme goldene Weisheit ein und erfülle mit ihr deine Aura.

Physische Schritte der Reinigung

- Verbrenne alle Fotos oder Gegenstände, die mit Erinnerungen an eine Person, Situation oder an einen Ort verbunden sind.
- Schreibe alle frustrierten, wütenden, verletzten oder angstvollen Gefühle auf. Verbrenne das Papier, vergrabe es oder spüle es weg. Wiederhole dies so oft wie nötig.
- Zeichne und beschrifte ein Bild von jener Person (ein Strichmännchen genügt). Verbrenne es, vergrabe es oder spüle es weg. Wiederhole dies so oft wie nötig.
- Räume jedes Zimmer auf und befreie dich von altem Ballast.
- Mache einen großen Hausputz und, wenn nötig, renoviere innen und/oder außen.
- Versichere dich, dass du keine Bücher besitzt, die negative Energie ausstrahlen. Mache dies auch mit den Bildern an deinen Wänden. Umgib dich mit Pflanzen und hoch schwingenden Büchern, Bildern, Farben usw.
- Versprühe in allen Zimmern heiliges Wasser.
- Räuchere mit Salbei oder brenne Räucherstäbchen ab.

- Spiele heilige Musik oder singe das OM oder andere Mantras.
- Stelle frische Blumen in deine Zimmer.
- Reinige deine Kristalle und widme sie dem Licht.
- Lass Kerzen brennen.

Visualisation zur Reinigung

- Umgib die Person oder Situation mit der Violetten Flamme.
- Bitte um die Hilfe der Aufgestiegenen Meister, der Großen Weißen Bruderschaft, der Erzengel und Engel.
- Löse dich auf psychischer Ebene von jener Person oder Situation: Visualisiere dazu alle astralen Energiebänder und durchtrenne sie.
- Wenn du dazu bereit bist, vergib der Person, den Leuten oder der Situation.
- Wiederhole immer wieder die Affirmation: »Göttliche Liebe und Göttliches Licht fließen immer durch mich, wenn ich an ... denke.«
- Segne die Person oder Situation dafür, dass sie dir die Gelegenheit gegeben hat, dich zu reinigen.

4. Kapitel

Freiheit

Wenn wir uns an eine Person, eine Sache oder eine Emotion gebunden haben, sind wir genauso gefangen, als trügen wir eine Eisenkette mit Kugel am Fußgelenk.

Wenn du einen Vogel in einem Dornenbusch gefangen sähest, würdest du ihn sofort befreien, damit er weiterfliegen könnte. Wenn du diesen Vogel in einem blättrigen Busch sähest und du wüsstest, dass der Vogel nicht von Dornen, sondern von seiner Angst vor dem Fliegen gefangen ist, wärest du sehr überrascht. Du würdest ihn bestimmt befreien und ihn zum Fliegen überreden.

Wir sind unglaubliche und erstaunliche Wesen, die in den Ketten sich wiederholender Muster, strenger Überzeugungen und emotionaler Glaubenssätze gefangen sind. Es ist *jetzt* Zeit, uns von mentalen und emotionalen Ketten zu befreien, damit wir aufsteigen können. Wir müssen nicht wie der Vogel auf jemand anderen warten, der uns befreit. Der Schlüssel liegt in uns selbst.

Die meisten von uns sind an ihre Freunde, Partner, Familien, an ihr Heim, an ihre Arbeit und an eine Million anderer Dinge gebunden. Obwohl dies auf menschlicher Ebene mehr als verständlich ist, halten uns diese Bindungen in einer niedrigen Schwingung verankert.

Bewusstsein ist Freiheit. Je höher wir steigen, umso mehr können wir vom gesamten Bild sehen und umso größer wird das Verständnis sein, das wir besitzen. Wenn du ein Würmchen fragst, das auf einem Elefantenrücken sitzt, was ein Elefant ist, wird es dir sagen, ein Elefant sei ein großes, flaches, graues Wesen. Ein Floh, der ein paar Zentimeter hoch hüpfen kann, würde sagen, ein Elefant sei ein graues Geschöpf mit Haaren wie Bäume und Poren wie Krater. Ein Vogel dagegen sieht den Elefanten als ein Geschöpf in einer Herde ähnlicher Tiere. Von einem Raumschiff aus betrachtet ist ein Elefant nichts weiter als ein kleiner grauer Punkt in einem Land auf der Erde, die nur einer von Millionen Planeten ist.

Einige Menschen befinden sich ausschließlich in der dritten Dimension. Sie glauben nur, was sie sehen, hören, fühlen und beweisen können. Sie sind wie die Würmchen auf dem Elefantenrücken. Jeder Mensch, dessen Welt nur aus der materiellen und physischen besteht, ist gefangen in Ängsten, Zweifeln und Illusionen. Eine Sichtweise, die eingeschränkt und von Glaubenssätzen geprägt ist, begrenzt unsere eigene Schöpferkraft. Die physisch-materielle Welt ist die Welt der Illusion. Wenn wir uns entscheiden, uns auf eine spirituelle Ebene zu begeben, die wir vorher nicht kannten, öffnen sich unsichtbare Türen. Die vierte Ebene ist die der bedingungslosen Liebe. Hier akzeptieren wir, dass wir Geist sind, und es wird uns bewusst, dass wir unsere eigene Wirklichkeit erschaffen.

Jeder von uns ist für das Erschaffen seiner eigenen Realität verantwortlich. Unsere Gedanken, Worte, Willenskraft, Emotionen und Handlungen bestimmen unser Leben. Und wenn wir dies vollständig annehmen können, verändert sich unser Leben. Wir beginnen, die eigentliche Mission unseres Lebens zu verstehen. Dann öffnen sich unsere Gefängnistüren und wir können frei fliegen.

Langsam wird die Erde zu einem fünftdimensionalen Planeten. 1997 haben sich die fünftdimensionalen Chakren in jeden Menschen herabgesenkt (siehe Kapitel 13). Wenn wir sie aktivieren, sind wir völlig eins mit unserem Geist und wir übernehmen die Meisterschaft über unser Leben.

Unsere Seelenenergie steigt in den Teil von uns herab, der inkarniert ist, und wir leben mit Freude und Strahlkraft, vollständig befreit von den alten gefangenhaltenden Emotionen und Glaubenssätzen.

Der Unterschied zwischen einem Meister und einem dritt-dimensionalen Menschen ist, dass ein Mensch von dem stärkeren Willen eines anderen Menschen wie ein Blatt im Wind hin- und hergeworfen werden kann. Da die meisten Menschen Akzeptanz, Zustimmung, Anerkennung und Liebe von anderen benötigen, unterwerfen sie sich dem Willen anderer.

Jedesmal, wenn wir eine Bestätigung von außen brauchen, machen wir uns von anderen abhängig. Wir geben damit jemand anderem die Macht über unsere Seele. Wenn wir immer im Außen um Rat und Hilfe bitten, anstatt auf unsere Intuition zu hören und unsere eigene Meinung zu bilden, geben wir Macht ab.

■ *Unabhängigkeit bietet Freiheit.*

Unabhängigkeit heißt, auf die eigene Intuition zu hören und um jeden Preis nach ihr zu handeln. Unabhängigkeit liebt, bestätigt und akzeptiert das Selbst. Dann strahlen wir charismatische Weisheit und klare Ruhe aus.

■ *Das Loslassen negativer Emotionen bringt Freiheit.*

Die meisten von uns sind durch Angst, Verletzung, Lust, Gier, Stolz, Eifersucht usw. in der dritten Dimension verankert. Unbewusst sagen wir: »Ich ziehe es vor, an diesem alten Schmerz festzuhalten, statt aufzusteigen« oder »Ich halte lieber an meiner stolzen Zurückhaltung fest, statt aufzusteigen« oder »Ich halte lieber an meiner Versagensangst fest, statt aufzusteigen«.

Sarah und Jack waren zwei der schönsten Menschen auf der Welt. Sie waren attraktiv und erfolgreich und sehr ineinander verliebt. Doch sie hatten ständig Krach miteinander und fochten fürchterliche Machtkämpfe aus.

Als Sarah erfuhr, dass Jack sie nicht zu einer Geschäftsfeier gebeten hatte, obwohl Ehegatten und Lebenspartner eingeladen waren, war sie völlig verstört. Ihr Verstand wusste um seine Beweggründe, denn seine frühere Partnerin hatte ihm oft Szenen im Büro gemacht. Doch alle Unsicherheiten ihres inneren Kindes und ihre Ängste, nicht gut genug zu sein, kamen jetzt hoch.

Ich fragte, ob sie Jack liebte. Ihre Antwort war, dass sie ihn wirklich liebe, und mehr als alles andere wolle sie, dass ihre Partnerschaft funktioniere. Als ich ihr klarmachte, dass dies nicht ganz stimme, war sie sehr bestürzt. Tatsache war, dass sie mehr als alles andere an ihrer Verletzung festhalten wollte. Es sprach für sie, dass sie mir sofort zustimmte. Sie fragte mich, was sie tun könne, da sie immer noch schrecklich wütend sei. Ich schlug ihr vor, dass sie ihr inneres Kind beruhigen und ihm Kraft geben solle. Erst wenn sich ihr inneres Kind sicher und glücklich fühle, könne sie sich mit Jack in einer neuen Energie auseinandersetzen. Dies tat sie und zehn Minuten später unterhielten sich die beiden wie Erwachsene. Jack gab ihr völlig recht, was Sarahs verletztes inneres Kind niemals hätte erreichen können. Sie strahlte und ihre Verletzung verschwand. Als sie sich auf der Erwachsenenebene verständigten, wollte er Sarah natürlich zu seiner Geschäftsfeier mitnehmen.

DIE SCHLÜSSEL ZUR FREIHEIT SIND:

- Vergib dir selbst und anderen. Sende die Absicht aus loszulassen.
- Handle so, als könntest du bei keiner Aufgabe versagen. Da nur noch Erfolg für dich in Frage kommt, womit könntest du beginnen?
- Werde ruhig. Wenn du ruhig und zentriert bist, bist du losgelöst und unabhängig. Keiner kann dich beeinflussen.
- Stelle dich selbst und andere in Situationen, in denen alle Beteiligten nur gewinnen können.
- Sieh dich selbst frei, freudvoll, geliebt und erfolgreich.
- Sei deinem inneren Kind gegenüber achtsam und kümmere dich um es.

ÜBUNGEN:

- Denke gründlich über folgende Aussage nach: »Da Erfolg unvermeidlich ist, was werde ich jetzt tun?« Stelle dir diese Frage zu wirklich jedem Bereich deines Lebens.
- Werde dir deiner Gedanken, Emotionen und Glaubenssätze bewusst, die dich davon abhalten möchten, diesen Erfolg zu erzielen.
- Stelle dir die Gedanken, Emotionen, Menschen und Situationen, die dich zurückhalten, als Glieder einer Kette vor. Schneide jedes Glied heraus. Alternativ dazu kannst du die Situationen und Menschen, die dich zurückhalten, aufzeichnen und dann wieder ausradieren, durchstreichen oder zerreißen.
- Sieh dich mit Leidenschaft, Energie und kreativer Vorstellungskraft, wie du das, was du im Leben willst, genießen kannst.

5. Kapitel

Innerer Friede

Wenn du voller Frieden bist, strahlst du eine bestimmte Schwingung aus, nämlich die Eigenschaft, dass sich alle Menschen, die um dich sind, sicher fühlen.

Wenn du verspannt und ängstlich bist, sendest du die unterschwellige Botschaft aus, dass nichts in Ordnung ist und dass es Grund gibt, Angst zu haben. Die Menschen um dich herum reagieren unbewusst auf diese Botschaft. Entweder klinken sie sich in deine Angst ein und verstärken sie, oder sie distanzieren sich von dir und du fühlst dich isoliert. Verspannung trennt dich vom Göttlichen in dir, und Probleme erscheinen dadurch oft völlig unlösbar.

- *Wenn du den tiefen See der Ruhe in dir findest, verschwindet augenblicklich alle Spannung in deinem Körper und alle Angst löst sich auf. Du öffnest dich dem Licht und die Lösungen deiner Probleme präsentieren sich von selbst. Türen öffnen sich und das Leben fließt.*

In einem ruhigen und friedvollen Zustand bist du wie ein Fels. Nichts kann dich verletzen oder wütend machen, da du es nicht zulässt. Und da man dies spürt, versucht es auch keiner.

Jeder einzelne Augenblick deines Lebens bietet dir Gelegenheit für spirituelles Wachstum. Dies liegt daran, dass wir immerfort denken und jeder Gedanke unsere Schwingungsfrequenz erhöht oder verringert. Ein Meister beobachtet immer seine Gedanken, da er weiß, dass er durch sie seine Aura erschafft. Wenn du einmal Angst hast, kannst du innehalten, beruhigende Gedanken denken und dir die positiven Ergebnisse deiner Herausforderungen vorstellen. Stelle dir einen ruhigen Ort vor: Dein Verstand weiß nicht, dass es nur eine Vorstellung ist. Er wird glauben, dass alles in Ordnung ist, und dein Körper wird sich entspannen.

Worte erschaffen Symbole. Jedes Wort, das du aussprichst, hat eine Form. Es kann ein Eiswürfel, ein Wecker, ein goldener Mantel oder eine Rose sein. Lassen deine Worte andere erstarren? Verletzen sie oder machen sie Angst? Oder stärken, heilen und trösten sie? Beobachte die Symbole, die du anderen schickst, denn sie kommen wie ein Bumerang zu dir zurück und verbleiben in deiner Aura. Von dort erschaffen sie noch mehr Symbole der gleichen Art, da andere Leute unbewusst auf sie reagieren.

■ *Stille ist eine grundlegend wichtige spirituelle Übung.*

Natürlich sind Taten wichtiger als Worte oder Gedanken. Aufgestiegene Meister handeln so, wie sie selbst behandelt werden möchten. Sie kultivieren Fürsorge, Großzügigkeit, Akzeptanz, Mut und gute Taten.

Die Menschen reden oft nutzloses Zeug. Sie klatschen, sprechen von Krieg, Krankheit, Hass und anderem Müll. Leider gibt es viele, die Unterhaltungen über andere Dinge langweilig finden.

■ *Wenn du ein Meister sein willst, klinke dich nicht in Negativität ein, denn es gibt eine andere Wahrheit. Sprich von Hoffnung, Licht und den Wundern des Universums. Führe inspirierende Gespräche. Suche das Gute in anderen. Erkenne gute Taten und ihre Erfolge an.*

Fühle, wie deine Aura von Minute zu Minute immer strahlender und friedvoller wird.

Wenn du inneren Frieden finden willst, segne deine Feinde. Wir sind alle eins. Wir sind alle Teil des Göttlichen. Feinde treten in unser Leben, um unsere größten Lehrer zu sein. Wenn wir aufhören, andere zu beschuldigen, und sie stattdessen segnen, strahlt unser Licht stärker und die Ruhe in uns vertieft sich.

Um friedvoll zu sein, müssen wir für unser Leben volle Verantwortung übernehmen. Wir können nicht friedvoll sein, wenn wir anderen die Macht geben, uns zu ärgern, zu verletzen, zu frustrieren oder uns eifersüchtig zu machen. Wenn wir andere dafür beschuldigen, was ihre Handlungen in unserem Leben angerichtet haben, machen wir uns zu Opfern. Opfer aber leben in der dritten Dimension.

Ein Meister sagt: »Dies ist nun passiert. Wie habe ich diese Situation in mein Leben gelassen? Was soll ich lernen?« Die Lektion einer Person kann sein, eine andere Person oder Situation zu lieben oder zu akzeptieren. Die Lektion einer anderen Person mag sein, ihre Wahrheit klar auszusprechen. Jemand anders muss vielleicht für sein Recht kämpfen. Jeder Mensch muss nach innen gehen, um mit den Prüfungen, die auftauchen, angemessen umzugehen und sie zu verstehen.

Für einen Meister *ist* eine Situation ganz einfach. Der Hund stirbt, ein Kind wird geboren, ein geliebter Mensch verletzt sich, das Haus brennt ab, man gewinnt einen Preis, es gibt Probleme bei der Arbeit. Ein drittdimensionaler Mensch reagiert mit Wut, Angst oder Hochmut, also Stimmungsschwankungen je nach Situation. Der fünftdimensionale Mensch bleibt zentriert.

Wir sind Menschen und Menschen haben Emotionen. Meister weinen. Meister werden wütend. Jesus weinte. Jesus war zornig auf die Geldverleiher. Wir können nicht erwarten, anders zu sein. Es ist in Ordnung zu klagen, zu trauern oder zu jubeln. Ein Meister jedenfalls kehrt schnell ins Gleichgewicht zurück. Er verwendet keine Energie darauf, von einer extremen Emotion in eine andere zu fallen.

Angst ist der große Räuber des Friedens. Angst ist die Abwesenheit von Liebe und Licht. Sie dient uns, indem sie uns daran erinnert, die Schwingung unserer Gedanken zu diesem

Thema zu erhöhen. Meister heißen Angst willkommen und stellen sich ihr, denn sie ist eine Gelegenheit für Wachstum.

Wenn du mit Angst konfrontiert wirst, bete oder erfülle deinen Geist mit Mantras. Bitte um die Eigenschaften, die du brauchst. Bete für ein gutes Ergebnis. So bleibst du auf die höhere Schwingung ausgerichtet und zeigst dem Universum, dass du bereit bist weiterzugehen.

Wenn du erst einmal eine bestimmte Angst anerkannt und deine Schwingung erhöht hast, musst du diese niedrig schwingende Herausforderung nicht mehr wiederholen.

Wenn du fühlst, wie du dich verspannst, das heißt, wenn die Verbindung zu Gott verloren geht, vertiefe und verlangsame deine Atmung. Tiefe langsame Atemzüge verbinden uns neu, denn wir nehmen nicht nur Sauerstoff auf, sondern Prana, die göttliche Lebenskraft. Wir atmen den Atem Gottes.

Aus diesem Grund tötet das Einatmen von Zigarettenrauch den Geist und zerstört in einer verpesteten Umgebung die Lebenskräfte. Wenn du dich vom Geist abgeschnitten fühlst, gehe an einen ruhigen, sauberen und schönen Ort mit frischer Luft. Dort atme Gott ein. Nach Traumen oder Problemen können sich Meister mit drei Atemzügen wieder ins Gleichgewicht bringen. Auch wir können dies tun.

6. Kapitel

Einfachheit

Beim Schreiben dieses Buches hat mich Kumeka immer wieder daran erinnert, dass Einfachheit ein Schlüssel zum Aufstieg ist. Jedesmal, wenn ich ihn um vielschichtige Informationen über die Spirituelle Hierarchie oder etwas Ähnliches bitte, fragt er: »Warum möchtest du diese Information haben?« Oft genug muss ich zugeben, dass es sich um reine Neugier handelt, die meinem spirituellen Wachstum nicht nützt. Manchmal antwortete Kumeka mir auf meine Frage, manchmal nicht.

An einem Abend, den wir bestimmt niemals vergessen werden, meditierten Shaaron und ich. Wir verbanden uns mit Kumeka auf der höchsten Ebene, die wir erreichen können, wenn wir uns zusammentun. Shaaron sagte, dass Kuthumi bei Kumeka wäre und sie sich miteinander beraten würden. Wieder einmal erinnerte uns Kumeka daran, dass Einfachheit ein Schlüssel zum Aufstieg ist.

Irgendwann fragte ich nach Jesus, dem Christus, und Kumeka antwortete in seiner gewöhnlich direkten Einfachheit: »Frag ihn doch einfach selbst.«

Shaaron, die wirklich völlig hellsichtig ist und dennoch oft sehr skeptisch, sagte zu mir: »Würdest du mir glauben, wenn ich sage, dass Jesus hier im Zimmer ist, zusammen mit Kuthumi und Kumeka?« Es war einfach erstaunlich. Jesus beantwortete meine Fragen, dann pflückte er ein großes weißes Gänseblümchen mit goldenem Zentrum und gab es mir.

Er sagte, wir sollen ihm folgen. Dann nahm er uns mit auf eine unglaubliche innere Reise. Wir wurden aufgefordert, durch ein Tor zu gehen und auf großen, weißen Gänseblümchen zu schreiten. Wir mussten darauf vertrauen, dass sie uns tragen würden. Dann übernahm Kumeka die Führung und brachte uns zu einem Tempel, in dem sich die Aufgestiegenen Meister treffen, um direkt von Gott gelehrt zu werden. Kumeka sagte mir, dass ich eine Frage stellen dürfe, aber nur eine einzige, und dass diese beantwortet werden würde.

Ich wusste meine Frage sofort. Sie lautete: »Wie kann ich Gott am besten dienen?«

Kumeka reichte mir eine Schriftrolle aus einer großen Bibliothek. Die Antwort war überraschend einfach: »Sei still. Sei du selbst.« Weiter unten stand: »Dann werden sich Türen öffnen.«

Ein paar Tage später war Frühlingsanfang und eine Gruppe von uns stand auf einem Hügel, der in unserer Gegend als Kraftort bekannt ist. Es war früh am Morgen und noch dunkel. Es war der Moment, an dem Saturn direkt auf Stonehenge ausgerichtet war. Der Komet Hale-Bopp, Omen für große Veränderungen, strahlte hell am Himmel. Dann begann der Sonnenaufgang. Klar, brillant und atemberaubend schön. Es war einer der schönsten, die ich je gesehen habe. Es war wie ein Geschenk, eine Erinnerung daran, dass die Natur in ihrer Einfachheit uns so viel unglaubliche Schönheit zu bieten hat.

Eigentlich wollte ich dieses Kapitel vor jenem Tag schreiben. Doch ich wurde in meinem Tagesablauf aufgehalten und sollte durch die reine Stille und Schönheit jenes Sonnenaufgangs an die Einfachheit erinnert werden. Alle Dinge geschehen zu Gottes Zeit.

Im Radio hörte ich einmal die Geschichte einer älteren Frau, die jahrelang versucht hatte, Gottes Gegenwart zu spüren. Diese Suche führte sie von einem Gelehrten zum nächsten und sie probierte alle möglichen Übungen aus. Eines Tages plauderte sie mit einem jungen Pfarrer und sie erzählte ihm von ihrer Suche. Er sagte zögernd: »Ich glaube zwar nicht, dass ich Ihnen helfen kann. Aber warum gehen Sie nicht nach Hause, setzen sich mit Ihrem Strickzeug in das kleine Zimmer, in dem

Sie Ihre Erinnerungsstücke aufbewahren? Schauen Sie sie an und danken Sie für jedes einzelne.«

Sie antwortete, dass sie es versuchen wolle. Tatsächlich besaß sie viele Gegenstände in einem Zimmer, an denen sehr viele Erinnerungen hingen. So ging sie nach Hause, setzte sich in ihren Schaukelstuhl und begann zu stricken. Während sie mit den Nadeln klapperte, schaute sie um sich und ließ ihre Erinnerungen aufsteigen. Dabei dankte sie für alle Erfahrungen und guten Zeiten, die sie erlebt hatte. Nach einer Weile fühlte sie sich tatsächlich warm, golden und friedvoll. Außerdem spürte sie etwas um sich herum.

Die Frau ging zu dem jungen Pfarrer zurück und sagte, dass sie nach der langen Suche endlich die Gegenwart Gottes gespürt hätte, und zwar, als sie still in ihrem Zimmer saß, strickte und dankbar war. Einfach dankbar zu sein öffnet uns für Gott.

Ich fragte Kumeka, wie wir uns mit höherer Heilung verbinden könnten. Seine Antwort war typisch: »Kehre zu den Wurzeln zurück.«

■ *Bitte und die Türe wird geöffnet. Menschen wollen die Dinge immer kompliziert machen, wenn sie einfach sind. Schlichtes Verlangen reicht aus. Folge dieser Weisheit und zur richtigen Zeit wird dir das, was du wirklich möchtest, gebracht werden. Doch du musst darum bitten. Einige der größten Lebenslektionen sind in der Bibel beschrieben. In diesem Falle denke an die Tür ohne Klinke: Klopfe an und es wird dir aufgetan.*

Kumeka fuhr fort: »Viele Menschen verdienen viel Geld damit, dass Dinge so kompliziert gemacht werden. Dies ist nicht nötig. Menschliche Intelligenz nimmt etwas Einfaches und macht etwas Kompliziertes daraus.«

Eines Morgens wachte ich auf und sah, dass ich in der Nacht etwas auf meinem Schreibblock notiert hatte: »Wenn etwas kompliziert ist, kommt es vom Ego. Geist ist einfach.«

HIER SIND EIN PAAR EINFACHE ANLEITUNGEN FÜR DAS LEBEN:

- Iss einfach.
- Lebe schlicht.
- Segne deine Nahrung.
- Genieße alles, was du tust.
- Sei unschuldig. Das heißt, sei in deiner Essenz. Versuche nicht, jemand zu sein, der du nicht bist. Sei einfach du selbst.
- Erinnere dich ständig daran, dass jemand, der nicht aus Liebe handelt, damit um Liebe bittet. Gib diese Liebe.
- Sei still.

ÜBUNG, UM DIE EINFACHHEIT EINES KINDES ZU SPÜREN:

1. Singe oder summe ein einfaches Lied aus deiner Kindheit.
2. Schließe deine Augen und bitte jemand, den du bewunderst, zu erscheinen (z.B. ein Heiliger oder Aufgestiegener Meister).
3. Stell dir vor, wie dieses Wesen deinen Kopf berührt und dich segnet.

7. Kapitel

Fülle

Armutsbewusstsein ist typisch für die dritte Dimension. Die Menschen denken, sprechen und handeln ununterbrochen so, als wären sie arm und müssten Mangel leiden. Damit erhalten sie sich ihre Armut. Die Medien tragen dazu bei, denn sie berichten von Angst und Verlust. Damit bestätigen sie den Glauben, der im kollektiven Unterbewusstsein festsitzt, dass wir hilflose Opfer in einer schrecklichen Welt sind. Als Resultat davon erschaffen viele Menschen sich wirklich Armut.

- *Um in der fünften Dimension zu leben und von dort aus aufsteigen zu können, müssen wir uns der Fülle bewusst sein.*

Dies bedeutet, dass wir als geliebte Kinder Gottes atmen, denken, sprechen, handeln und wissen, dass wir immer versorgt sein werden.

Armutsbewusstsein kommt von Gelübden, die wir in früheren Leben abgelegt haben, oder von unbewussten Glaubenssätzen, dass wir unwürdig sind, oder von gesellschaftlicher Prägung, dass es unspirituell sei, in Fülle zu leben. Das Gegenteil ist der Fall!

- *Gott will, dass wir alle in Fülle leben.*

Fülle fließt mit Liebe, Glück und Erfolg. Dies führt natürlich zu strahlender Gesundheit.

Wohlstand heißt nicht, Geld auf der Bank zu horten aus Angst, es könnte einem weggenommen werden oder es könnte nicht ausreichen. Diese Einstellung bedeutet, vom Geld beherrscht zu sein.

- *Wohlhabend zu sein heißt, viel zu haben und zu wissen, dass noch mehr kommen wird. Wohlstandsbewusstsein ist, daran zu glauben, dass immer viel da sein wird, und aufgrund dieser Einstellung zu denken, zu handeln und zu sprechen. Dann beherrschen wir das Geld.*

Liebe hält nicht an Freundschaften und Beziehungen fest und manipuliert und erpresst andere auch nicht zu bleiben. Liebe ist nicht, Menschen abhängig zu machen, damit sie dich nicht verlassen können. Liebe ist nicht, anderen gefallen zu wollen, damit sie bei dir bleiben. Liebe ist, dir selbst treu zu sein und deine Beziehung zum Partner, zur Familie, den Kindern und Freunden zu genießen, sie dabei frei zu lassen und zu wissen, dass es immer Menschen gibt, die dich lieben. Liebe ist, sich bedingungslos um andere zu kümmern. Liebe ist auch, sich selbst zu lieben und sich in seiner eigenen Gesellschaft wohlzufühlen.

Erfolg zu haben heißt nicht, nach Anerkennung von außen und nach materiellen Gütern zu streben. Es ist vielmehr ein Gefühl von Selbstwert und Erfüllung, von Freude und Zufriedenheit.

Glücklich zu sein heißt nicht, davon abhängig zu sein, wie einen andere Menschen behandeln. Glücklichsein ist ein inneres Gefühl von Leichtigkeit und Freude.

Fülle ist das Resultat deiner Gedanken und Handlungen. Lass deine Angst los, dass nicht genug da sein könnte. Es gibt genug für alle.

Wenn du etwas verschenkst, dabei aber denkst: »Immer helfe ich dieser Person aus« oder »Immer zahle ich die Rechnung«, hältst du etwas zurück. Großzügigkeit ist eine fünftdimensionale Eigenschaft und bedeutet, von Herzen zu geben. Dies stellt sicher, dass viel zurückfließen wird.

Würdest du anderen mehr geben, wenn du das Vertrauen

hättest, dass mehr zurückkommen würde? Dann gib von Herzen und es wird so sein.

Bedingungslose Liebe ist natürlich ebenfalls eine fünftdimensionale Eigenschaft. Sie bedeutet, andere Menschen ohne Verurteilung genau so zu akzeptieren, wie sie sind. Sie bedeutet, das Gute in anderen Menschen zu sehen. Sie ist Mitgefühl, Einfühlungsvermögen und Verständnis. Echte Liebe ist eine solch magnetische Kraft, dass jeder, der sie ausstrahlt, viele Menschen anzieht.

Würdest du Freunde oder sogar deinen Partner loslassen, wenn du wüsstest, dass die entstehende Lücke durch höher schwingende Menschen gefüllt werden wird? Stellen dich deine Arbeit, dein Zuhause und deine Hobbys wirklich voll zufrieden? Bringen sie dir Freude und Erfüllung? Gibt es Bereiche deines Lebens, die du verändern würdest, wenn du wüsstest, dass alles viel besser werden würde? Die Angst, die dich am Alten festhalten lässt, blockiert deine Kanäle der Fülle.

So, wie ein Fluss fortwährend fließt, so stellt das Gesetz des Fließens sicher, dass es in einem Leben keine Leerzeiten gibt. Wenn wir jemanden oder etwas loslassen, kommen neue Menschen oder Dinge in unser Leben, um ihren Platz einzunehmen. Es kann jedoch Wartezeiten geben. Wenn du Dinge losgelassen hast, aber die gleichen alten, unbewussten Botschaften aussendest, wirst du natürlich auch nur die alten Zustände wieder erschaffen. Wenn du jedoch etwas von niederer Schwingung losgelassen hast und nun eine höhere Schwingung aussendest, wird automatisch etwas Neues und Besseres an deiner Türschwelle auftauchen.

Eine junge Frau hat eine ganze Serie fürchterlicher Arbeitsstellen hinter sich gebracht. Sie hatte immer schwierige und autoritäre Chefs und dazu noch einige entmutigende Partnerschaften erlebt. Dies weckte in ihr die Motivation, an ihrem persönlichen und spirituellen Wachstum zu arbeiten. Nachdem sie zwei Jahre an sich selbst gearbeitet hatte, fand sie eine Stellung, bei der ihr Chef und ihre Kollegen locker und entspannt waren. Doch was noch wichtiger war, sie wurde respektiert und man schätzte ihre Leistung. Ihr neuer Partner war sanft, weise und fürsorglich. Doch bald langweilte sie ihre Arbeit.

Sie sagte mir, dass sie sich um neue Jobs bewarb und ein gutes Gefühl dabei hätte. »Ich weiß, dass ich das alte Muster gemeistert habe, und da ich meine momentanen Kollegen in mein Leben gebracht habe, kann ich das wieder tun. Ich weiß, dass ich jetzt weitergehen und eine erfüllendere Arbeit finden kann.« Sie wusste ganz klar, dass sie ihre Schwingungen erhöht hatte und fähig und bereit war, einen besseren Job anzuziehen.

- *In der Fülle zu sein heißt zu entscheiden, was wir wollen, und uns vollkommen bewusst zu sein, dass wir dies auch verdienen.*

Fülle wird uns durch rechte Gedanken, Worte, Emotionen und Taten gegeben. Fülle heißt aber auch, durch rechte Gedanken, Worte, Emotionen und Taten zu empfangen. Durch das Gesetz des Fließens können wir das eine nicht ohne das andere tun, ohne den Fluss der Fülle zu blockieren.

- *Was wir in der dritten Dimension geben, wird auf andere Art wieder zu uns zurückkehren.*
  In der vierten Dimension kehrt das, was wir geben, dreifach zu uns zurück, in der fünften Dimension zehnfach.

Das Gesetz der zehnfachen Rückkehr

Was auch immer wir aus vollem Herzen geben, wird uns auf irgendeine Art zehnfach zurückgegeben. Wir verschenken eine Mahlzeit und empfangen ein Buch von jemand anderem. Wir verschenken Geld und erhalten eine Urlaubseinladung. Wir helfen jemandem bei der Arbeit und bekommen von jemand anderem besondere Zuwendung.

Erwarte niemals etwas von der Person zurück, der du etwas gegeben hast. Dies würde bedeuten, das Gesetz der Fülle zu missachten. Empfange alles, was in dein Leben tritt, offen und dankbar und mit dem Gefühl, es auch zu verdienen.

Damit besitzt du den Schlüssel zu weit mehr Wohlstand, als du dir vorstellen kannst. Du bist ein Meister, denn du arbeitest mit dem Gesetz der zehnfachen Rückkehr. Wie alle spirituellen Gesetze arbeitet auch dieses Gesetz sehr genau.

- *Was du aus vollem Herzen gibst, ohne an die Kosten zu denken, wird dir zehnfach zurückgegeben.*

Um in Fülle leben zu können, müssen wir uns natürlich selbst lieben und beschenken. Wenn wir jedem anderen geben, nur uns selbst nicht, ist es an der Zeit, unser Motiv für das Geben anzuschauen. Für gewöhnlich überkompensieren wir unseren Mangel an Selbstliebe und Selbstwert und dies verhindert, dass das Gesetz funktioniert. Übertreibe es nicht mit dem Geben. Versuche, ein Gleichgewicht zwischen Geben und Empfangen herzustellen.

Wenn du wütend bist, weil du jemanden unterstützt, halte ein und gehe nach innen. Willst du diese Person retten? Mit anderen Worten: Bist du auf emotionaler Ebene co-abhängig? Oder handelst du nach einer Absprache oder Verpflichtung aus einem früheren Leben?

Ich bin z.B. sicher, dass Vincent van Gogh und sein Bruder vor ihrer Inkarnation einen Vertrag miteinander abgeschlossen haben. Sein Bruder sollte Vincent finanziell unterstützen, damit er seine unglaublichen Bilder malen konnte. Nach meinem Verständnis stehen van Goghs Bilder mit der Christusenergie in Resonanz, was ihre enorme Popularität erklären könnte.

Auf unbewusster Ebene können wir uns vielleicht daran erinnern, dass wir eine Absprache mit jemandem haben, ihm zu helfen. Wenn wir unsere Versprechen, Abmachungen und Verträge nicht einhalten, die in diesem Leben oder in einem früheren Leben geschlossen wurden (vielleicht sogar zwischen den Höheren Selbsten), werden wir Frustration, Verlust und Enttäuschung in unser Leben bringen. Wenn wir uns jedoch an diese Abmachungen halten, werden wir zehnfach belohnt werden.

Eine meiner Freundinnen half einem Mann durch ein furchtbares Trauma hindurch. Sie nahm ihn auf, unterstützte und ernährte ihn. Trotzdem war sie von Zeit zu Zeit wütend, dass sie dies alles tat. Sie hatte nämlich Angst, dass das, was sie besaß, nicht für beide reichen würde. Also lehnte sie ab, immer für ihn zu bezahlen. Ihr Geschäft begann, schlechter zu gehen.

Dann konnte ich feststellen, wie sich ihre Einstellung zu dem Mann zusehends veränderte. Sie sagte mir einmal, dass es ihr nichts mehr ausmachen würde, ihm finanziell zu helfen, da er sie emotional stützte. Und durch diese Veränderung fing ihr Geschäft wieder an, gut zu laufen.

Sie hatte eine Absprache aus einem früheren Leben automatisch und aus einem falschen Blickwinkel heraus betrachtet. Zu dieser Zeit machte sie Verluste in ihrem Geschäft. Nun, da sie den alten Vertrag aus vollem Herzen erfüllte, aktivierte sie das Gesetz der zehnfachen Rückkehr.

Beobachte einmal, wie sich das Gesetz der Fülle in deinem Leben manifestiert, denn das ist ein Schlüssel für spirituelles Wachstum.

Denke an die Erleuchteten, die gewählt haben, ein Leben in Wohlstand und Macht zu leben. Kuthumi war Pythagoras und Schah Dschahan, der indische Kaiser und Erbauer des Tadsch Mahal. Serapis Bey war der Pharao Echnaton. El Morya war König Salomo. Als Jesus Joseph war, wurde er zum Gouverneur von Ägypten.

Sobald sie die Gesetze des Universums gemeistert hatten, wählten sie sich Inkarnationen in reichen und mächtigen Positionen, um das Leben von Millionen Menschen direkt beeinflussen zu können.

Wenn die Lichtarbeiter überall auf der Welt Geld und Macht besitzen, werden sie die Welt schnell transformieren.

ÜBUNG – VISUALISATION FÜR FÜLLE:

1. Entspanne dich.
2. Öffne dein Herz.
3. Stelle dir vor, wie jemand, den du nicht leiden kannst, genau das bekommt, was sie oder er gerne hätte.
4. Stelle dir vor, wie jemand, den du liebst, genau das bekommt, was sie oder er gerne hätte.
5. Stelle dir vor, wie du selbst genau das bekommst, was du gerne hättest.
6. Erinnere dich daran, dass du genau das verdient hast und das Recht besitzt, es zu genießen.

8. Kapitel

Manifestation

Um aufsteigen zu können, müssen wir uns selbst, das heißt unsere Gedanken, Worte und Emotionen meistern. Wir haben über Fülle gesprochen und wie wir sie durch positive Gedanken, Worte, Emotionen und Taten erschaffen.

Ein Meister muss viel mehr tun. Sie oder er muss auch die Materie gemeistert haben. Wenn du deine eigene Schwingung auf die Frequenz des Göttlichen erhöhst, kannst du das Erschaffen von Materie kontrollieren. Und zwar nicht nur auf diesem Planeten, sondern auch in anderen Galaxien und Universen, und dabei kannst du zum Meister-Schöpfer werden. Für jene, die ihre Prüfungen bestanden haben und bereit sind, ist dies eine sehr wichtige Aufgabe.

Die meisten werden die Gesetze der Manifestation auf der Erde zuerst meistern, doch es gibt auch welche unter euch, die so chiffriert sind, dass sie nicht nur auf der Erde, sondern auch auf anderen Planeten helfen. Im allumfassenden Plan wirst du Wertschätzung erfahren und belohnt werden.

Grundlage der Fähigkeit zu manifestieren ist, Verstand und Emotionen gemeistert zu haben. Alle Dinge der höheren Ebenen basieren darauf. Widme dich selbst dem Höchsten. Wenn du deinen Verstand und deine Emotionen disziplinieren und sie mit Willen und Klarheit fokussieren kannst, wirst du weise und kraftvoll manifestieren.

Du bist wie der Schütze mit Pfeil und Bogen. Gedanken, die umherschweifen, können deine Pfeile der Manifestation von ihrem Ziel abbringen. Wenn du von den Meinungen und Kommentaren anderer Menschen leicht zu irritieren bist, schwankst du. Du verlierst deine Zielsicherheit und der Pfeil fällt vorschnell zu Boden oder verfehlt völlig sein Ziel. Meister legen ihre Ziele fest. Mit klarem Geist und stabilen Emotionen nehmen sie ein Ziel in Augenschein und nichts kann ihre Pfeile aufhalten.

Der Pfeil selbst muss auch geradlinig und wahrhaftig sein. Damit ist die Absicht gemeint, die immer rein sein muss und nur das höchste Wohl verfolgen darf. Die Federn am Pfeil müssen gleichmäßig ausgerichtet und gut geordnet sein. Sie stehen für die Emotionen, das Vertrauen, die Überzeugung und das Gefühl für Richtigkeit und stellen den geraden Flug des Pfeils sicher.

Eine durchschnittliche Person besitzt einen Verstand, der sich überallhin zersplittert. Die Meister halten ihren Verstand so lange auf ein Ziel fokussiert, bis es unvermeidlich erreicht ist.

Sobald du dir völlig sicher bist, dass dein größtes Verlangen in diesem Leben ist aufzusteigen, dem Willen Gottes zu folgen, das Rad der Wiedergeburt zu verlassen und mit den Meistern auf einer höheren Ebene zu dienen, wird das Leben einfacher. Wahlmöglichkeiten entfallen und du fließt in einem höheren Strom von Bewusstsein.

Hier ein großes Geheimnis: Wenn du ein Ding, eine Situation oder einen Menschen in dein Leben manifestieren möchtest, richte dich auf die *höheren* Eigenschaften aus, die durch diese Manifestation erreicht werden sollen. Stell dir vor, dass du bereits hast, was du manifestieren möchtest, und fühle diese höhere Eigenschaft. Durch das Gesetz der Anziehung wird alles Entsprechende in dein Leben kommen.

Wenn du beispielsweise als Heiler arbeiten möchtest, konzentriere dich auf die Freude und Befriedigung, die du verspürst, und auf das Mitgefühl und die Gnade, die du zu geben vermagst. Irgend jemand wird dir dann z.B. einen Heilkristall schenken oder dir beibringen, wie du Heilenergie kanalisieren kannst. Und da du in einem Strom göttlichen Bewusstseins schwimmst, weißt du, dass alles, was sich manifestiert, deinem höchsten Wohl dient.

Wenn du einen Urlaub manifestieren möchtest, denke zuerst an die Entspannung, Erfrischung und Stille, die du brauchst, oder aber an die Aufregung, das Abenteuer und die Abwechslung. Dies, verbunden mit einer klaren Fokussierung, wird dir die perfekten Ferien bescheren.

Wenn du also etwas zu deinem Wohl manifestieren willst, hältst du deine Absichten auf das höchste Wohl ausgerichtet und überlässt dem Geist die Kleinarbeit.

Vor vielen Jahren kannte ich eine ältere Dame. Sie war Witwe und sehnte sich nach einem Mann im Haus. Sie wünschte sich Sicherheit und männliche Gesellschaft, aber gleichzeitig auch ihre Freiheit. Einen Partner an sich wollte sie nicht. Sie war sich ziemlich klar darüber, was sie wollte, und schickte eine klare Botschaft ins Universum. Sie fokussierte sich darauf, die Eigenschaften von Sicherheit, Kameradschaft und persönlicher Freiheit anzuziehen.

Ein paar Tage später klopfte ein junger Student an ihre Tür, der eine »Bude« suchte. Zwar hatte sie nie geplant, ein Zimmer zu vermieten, doch sie vertraute der Weisheit des Universums, und was sich dann manifestierte, stellte sich als der Idealzustand heraus.

Einer der Schlüssel für Manifestation ist das »Als-ob«-Prinzip. Es ist nichts anderes als Glaube. Das bedeutet, sich so zu verhalten, als hättest du bereits das, was du manifestieren willst.

Ein junges polnisches Ehepaar wollte nach Israel auswandern und in einer bestimmten Stadt wohnen. Sie wussten, dass sie dort eine Wohnung finden würden und die Möglichkeit hatten, ein Stipendium zu bekommen. Die Flüge waren bereits gebucht, doch die Papiere trafen nicht ein. Ein paar Tage vor dem Abflugtermin waren sie immer noch nicht da. Die Angehörigen aus Israel und Polen riefen an und waren entsetzt. Alle machten sich Sorgen: »O je, was werdet ihr jetzt machen?« oder »Wie schrecklich, sie werden niemals pünktlich eintreffen!«. Alle äußerten sich so negativ und sorgenvoll, bis sich bei dem jungen Paar tatsächlich Zweifel und Angst einschlichen.

Doch dem jungen Mann wurde klar, dass sie selbst alles falsch machten und die negative Energie die Papiere blockierte. Er begann dann, die Dinge positiv anzugehen. So rief er alle Verwandten an und sagte ihnen, dass alles in Ordnung sei, die Papiere angekommen seien und ihnen alles genehmigt worden wäre, was sie brauchten. Dadurch löste sich die Spannung auf und die Energie stieg an. In diesem Moment gab das Universum die Papiere frei und zwei Tage später waren sie da. Das Ehepaar bekam alles, was es wollte.

Glaube manifestiert.

Du kannst Dinge auch nur mit der linken Gehirnhälfte manifestieren. Wenn du hartnäckig daran arbeitest, kannst du materialisieren. Doch sind diese Dinge nicht im Gleichgewicht mit den Eigenschaften der höheren Dimensionen wie z.B. Liebe, Vertrauen und Dienst.

Sich auf materielle Dinge zu konzentrieren resultiert zumeist aus einem Gefühl der Leere. Außerdem können dir Dinge weggenommen werden. Eigenschaften jedoch, die du dir erworben hast, bleiben dir erhalten, und jedesmal, wenn du dir eine Eigenschaft verdient hast, erhöhst du deine Energie und fügst deinem Harmoniespektrum eine Note hinzu. Dann spielst du deine neue Melodie und ziehst automatisch mehr von dem an, was du gerne manifestieren möchtest.

Wenn du die irdische Ebene verlässt, ist keiner an den materiellen Dingen interessiert, die du angesammelt hast. Das Streben nach Wohlstand ist Energieverschwendung. Allenfalls hast du die Gesetze für den Umgang mit Geld gelernt.

■ *Die positiven Eigenschaften, die du während deines Lebens erwirbst, stellen deinen wahren Wohlstand dar und bleiben für alle Zeit in deiner Seelenschwingung erhalten.*

Manifestation in der dritten Dimension setzt voraus, dass du dir über deine Absichten im Klaren bist, deinen Geist, deine Emotionen und deine Willenskraft gezielt ausrichtest und alles Nötige tust, um das Gewünschte zu erschaffen. Es ist ganz wesentlich, etwas dafür zu tun.

In großen Zivilisationen wie Atlantis, wo die Schwingung viel höher war, brauchte man lediglich Geist, Willen und Emotionen auf ein Ziel auszurichten. Es war keine andere Handlung mehr nötig. Viele Lichtarbeiter erinnern sich daran, versäumen aber, die richtigen Schritte zu tun, um ihre Visionen zu verwirklichen.

■ *Je mehr wir unsere Schwingung erhöhen, umso weniger ist Handeln nötig. In der fünften Dimension reichen Wille, Gedanke und Emotion aus, um zu manifestieren.*

9. Kapitel

Urteilskraft

Alle Lichtarbeiter und alle Menschen, die dem Weg zum Aufstieg folgen möchten, müssen immer auf ihre Intuition hören. Intuition kommt nicht nur als spontanes Wissen, sondern zeigt sich auch in Enthusiasmus, freudiger Aufregung und einem Gefühl von Richtigkeit. Meister verlassen sich niemals auf Rat von außen, sondern nur auf ihre Intuition.

Wir wissen instinktiv um die Energie einer Person oder Situation, selbst wenn wir keine Worte dafür finden. Der allererste spontane Eindruck, den wir haben, noch bevor sich unser denkender Verstand einschalten kann, ist oft der richtige. Wenn du fühlst, dass etwas zu schnell für dich geht, bitte darum anzuhalten. Wenn dir dein Bauch sagt, dass etwas nicht stimmt, prüfe es einfach nach. Schon oft haben Menschen zu mir gesagt: »Ich habe genau gewusst, dass ich angelogen werde, habe aber trotzdem getan, was man von mir verlangte.« Vertraue deiner inneren Stimme oder trage die Konsequenzen.

Mit dem Sternzeichen Jungfrau waren Unterscheidungs- und Urteilskraft immer wichtige Lektionen in meinem Leben. Wenn ich zurückblicke, kann ich mich über gewisse Entscheidungen, die ich gegen meine Intuition getroffen hatte, nur wundern oder auch herzhaft lachen.

Vor Jahren, noch bevor irgendjemand etwas über Reiki wusste, war ich sehr von einem Reiki-Meister angetan, der behauptete, Sanitär-Installateur zu sein. Nur weil er Reiki-Meister war, dachte ich, er müsse eine gute Energie haben. So ließ ich mir von ihm ein neues Badezimmer installieren. Machte es mir etwas aus, dass er arbeitslos war und keine Absicht hatte, sich eine neue Arbeit zu suchen (sehr schlechtes Karma)? Nein. Dass er seine Frau und sein kleines Kind verlassen hatte, ohne ihnen emotionale oder finanzielle Unterstützung zu geben? Nein. Habe ich aufgehorcht, als er mir erzählte, er hätte seinen Reiki-Meistertitel billig bekommen, da er arbeitslos war? Nein. Habe ich seine Qualifikation als Installateur überprüft? Nein. »Wie wunderbar, von einem Reiki-Meister ein neues Bad installiert zu bekommen!« dachte ich nur und musste meinen Mangel an Urteilskraft mit wochenlangem Ärger teuer bezahlen. Er nahm die alte Badewanne heraus und ließ sie sechs Wochen lang auf halber Treppe stehen. Als er nach unzähligen Telefonaten endlich kam, um sie wegzuschaffen, sagte er: »Kein Wunder, dass die Wanne hier hängen geblieben ist. Ich fühle schlechte Energie an dieser Stelle des Hauses.« Als ich wieder zu mir gekommen war, wurde mir klar, woher die schlechte Energie stammte. Es war die Frustration, die wir alle fühlten, nachdem wir uns wochenlang auf der Treppe an der Wanne vorbeiquetschen mussten.

Hätte ich meine Urteilskraft benutzt und wäre meinem ersten Impuls gefolgt, so hätte ich mir gleich einen richtigen Klempner geholt.

Es ist völlig in Ordnung zu unterscheiden, wen man nach Hause einlädt oder in sein Leben lässt. Unterscheidungskraft heißt nicht, jemanden zu beurteilen. Hättest du gerne einen Dieb zum Freund? Wir können den Weg eines Menschen respektieren und uns trotzdem entscheiden, nicht mit seiner Energie verbunden zu sein.

Viele Lichtarbeiter befürchten zu urteilen, wenn sie Nein sagen sollten. Auch Heiler und Therapeuten können oft einen Klienten nicht ablehnen, der sie um Hilfe bittet, und werden daraufhin von dessen dumpfer Energie belästigt.

Jede Energie hat eine Schwingung und es ist deine Sache zu entscheiden, welche du in deinem Leben haben möchtest.

Sekten, Religionen und die meisten Regierungen diktieren den Menschen, was sie denken sollen. Diese schwerwiegende Kontrolle und Einschränkung hält die Menschen zurück. Bevor z.B. Frauen in Großbritannien wählen durften, musste sich zuerst eine Gruppe kriegerischer Frauen inkarnieren, die bereit waren, sich für ihre Überzeugung zu opfern. Diese Frauen wussten, was richtig für sie war, und ohne Rücksicht auf die Konsequenzen waren sie bereit zu handeln.

Ein Meister muss unabhängig sein und seine eigenen Entscheidungen treffen.

■ *Bis wir nicht wirklich unterscheiden können, was richtig für uns ist, können wir keine Meisterschaft erlangen.*

Und dies ist die Gefahr bei Sekten und Religionen. Wenn wir uns von jemandem sagen lassen, an was wir glauben oder was wir tun sollen, werden wir zu Marionetten. Die Massenselbstmorde von Sektenmitgliedern, die immer wieder in die Schlagzeilen geraten, sind Tragödien von Menschen, die ihre Macht an jemand abgegeben haben, der »dunkel« ist, das heißt, sich von Gott abgewandt hat. Im Namen der Religion wurden mehr Kriege geführt, Folterungen und Morde verübt als aus jedem anderen Grund. Und immer hat der Anführer für die Dunkelheit gearbeitet und seine Anhänger haben ihr Urteilsvermögen nicht eingesetzt.

Religionen können auch Quelle großer Güte, von Licht und Spiritualität sein. Es gibt zahllose Wege auf den Berggipfel und es gibt viele Berge, die bestiegen werden können. Über den Bergen sind die Sonne, der Mond, die Sterne und der Himmel, und das ist es, wonach wir streben.

Jesus Christus sagte: »Es gibt nur einen Weg.« Was er meinte, war, dass der einzige Weg, um zur Quelle zurückzukehren, durch das Christusbewusstsein führt. Dies geschieht durch Öffnen des Herzens, Leben in bedingungsloser Liebe und dem Akzeptieren aller Menschen. Das Christusbewusstsein ist der Weg. Ohne Christusbewusstsein können wir nicht aufsteigen. Alles intellektuelle Wissen der Welt ist nutzlos, wenn das Herz nicht geöffnet ist.

Um zu einem Aufgestiegenen Meister zu werden, musst du ein erleuchteter Buddha (Geist-Energie) und ein Christus (Herz-Energie) werden. Liebe und Weisheit sind Geschwister-Energien.

Wenn es Kindern und Erwachsenen erlaubt wäre, die Wahrheit auszusprechen, wenn man sie lehren würde, ihrer Intuition zu folgen, gäbe es keine Kriege mehr. Hitler wäre niemals an die Macht gekommen. Menschen, die ihrer inneren Führung folgen, sind friedvoll, glücklich und erfüllt.

Heutzutage werden wir mit Informationen und Channelings aus allen möglichen Quellen bombardiert. Einige Menschen lesen und glauben alles. Dies kann sehr verwirrend sein, denn nicht jeder erhält Informationen aus der höchsten Quelle. Es liegt an uns, unsere Unterscheidungskraft anzuwenden und nur das anzunehmen, was sich für uns intuitiv richtig anfühlt. Die Dunkelheit schickt nicht nur falsche oder unkorrekte Information durch unklare Channel, sondern verfälscht die Wahrheit, um dadurch die Verwirrung und die Zweifel zu verursachen, die sie beabsichtigt. Denke daran, dass jemand, der in einem Körper inkarniert ist, niemals wirklich rein sein kann. Selbst bei jemandem mit den besten Absichten wird ein Channeling durch die eigene Programmierung gefärbt.

Lass dich nicht von der Sichtweise anderer Menschen beeinflussen. Höre auf zu denken, dass jemand anders mehr weiß oder eher recht haben könnte als du selbst. Wenn jemand behauptet, direkt die Quelle zu channeln oder Jesus Christus oder einen mächtigen Erzengel, und selbst wenn diese Person ein oder zwei akademische Titel führt, ein Dutzend Bücher geschrieben hat und durch Funk und Fernsehen berühmt ist – wenn sich das, was diese Person sagt, für dich intuitiv nicht richtig anfühlt, nimm es nicht an.

Jeder Lehrer des Lichts wird sagen: »Wenn das, was ich sage, in dir Resonanz findet, nimm es an. Es gehört dir. Wenn es keine Resonanz hat, lass es los. Es ist nicht für dich bestimmt.« Wenn es jedoch Monate oder Jahre später in dir Resonanz weckt, dann nimm es an, dann ist es richtig.

Niemand hat das Recht zu sagen: »Dies ist die Wahrheit.« Denn niemand kennt das ganze Bild, solange er noch in einem Körper steckt. Denke jedoch daran, dass jedes Channel-Medium von seinem Gesichtspunkt aus recht haben kann.

Stell dir eine große Schale mit Obst vor. Wenn du sie dir von ganz links anschaust, kannst du vielleicht nur die Bananen, Äpfel und Trauben sehen. Von der anderen Seite aus siehst du Pflaumen, Birnen und die Bananen. Von oben kannst du sehen, dass es auch noch Kirschen gibt. Jeder Mensch beschreibt korrekt das, was er sieht, doch keiner hat den gesamten Überblick.

Als Lichtarbeiter hast du vor deiner Inkarnation ein Trainingsprogramm durchlaufen. Unglaubliche Weisheit und großes Wissen sind in dir gespeichert. Öffne dich und sei ganz du selbst. Vertraue deiner eigenen Intuition absolut.

Einige Wesenheiten, die kommunizieren wollen, sind entweder bösartig oder hängen fest. Es gibt viele, die gestorben sind, sich aber nicht weiterentwickelt haben. Manche von ihnen sind skrupel- und verständnislos. Wenn sie sich einschalten und Informationen geben, sind diese irreführend oder schlicht böse. Wenn du Onkel Karl nicht vertraut hast, während er noch einen Körper hatte, warum solltest du ihm dann trauen, nur weil er jetzt tot ist? Wenn er will, kann er behaupten, ein Engel des Lichts oder ein Geistführer zu sein. Es liegt an dir, mit deiner Urteilskraft festzustellen, ob die Energie in dieser Kommunikation gut ist oder nicht.

Dein Bestreben ist, dich mit einem Lichtwesen zu verbinden, das von einer höheren Ebene stammt als deine Monade oder dein Höheres Selbst. Wenn dem nicht so ist, ist es besser, auf deine eigene höhere Führung zu hören.

Auf unserem Planeten des freien Willens gibt es nicht nur Licht, sondern auch Dunkelheit. Für jeden Engel des Lichts, der mit dir kommunizieren will, gibt es einen Engel der Dunkelheit. Jeder Führer aus reinem Licht hat sein Gegenstück in der Dunkelheit. Es liegt an dir zu unterscheiden.

Durch die Dualität, dic auf Erden herrscht, ist eines der spirituellen Gesetze auf unserem Planeten das der Herausforderung. Es besagt Folgendes: Wenn wir eine Wesenheit dreimal im Namen Gottes und von allem, was Licht ist, herausfordern, muss sie sich selbst für wahrhaftig erklären oder verschwinden.

Die höheren Lichtwesen heißen Herausforderungen willkommen. Es bedeutet, dass wir uns bewusst der Mühe unterziehen sollen zu unterscheiden.

Wenn du Zweifel hast, woher deine Führung wirklich kommt, sprich laut oder in Gedanken: »Im Namen Gottes und von allem, was Licht ist, bist du ...?« Warte auf Antwort. Wenn ein »Ja« kommt, wiederhole die Frage noch zweimal. Warte jedesmal eine Antwort ab.

Ich habe diesen Fall zwar noch nie erlebt, doch falls die Antwort »Ich bin es« lautet, höre genau hin, ob nicht vielleicht ganz leise ein »nicht« nachfolgt. Es ist auf jeden Fall besser, seine Fragen mit Ja oder Nein beantworten zu lassen.

Wenn du deine Antwort bekommen hast und nun fortfahren möchtest, ist es völlig in Ordnung, nach dem Grund zu fragen, warum das Wesen Kontakt mit dir aufnehmen will. Wenn du auch nur die geringsten Zweifel hast, halte ein und fordere das Wesen noch einmal heraus.

Dann entspanne dich und genieße die Unterhaltung mit einer höheren Energie. Doch akzeptiere nur, was sich intuitiv richtig für dich anfühlt.

10. Kapitel

Schutz

Auf dem spirituellen Pfad bist du wie eine Person, die eine Lampe hält, während sie einen offenen Weg entlanggeht. Die gute Nachricht ist, dass dir das Licht deiner Lampe den Weg zeigt und auch den Weg von anderen erhellt. Die schlechte Nachricht ist, dass du dadurch sicht- und verletzbar bist. Jedes Wesen mit niederen Absichten, das nicht will, dass du Licht verbreitest oder das von deiner Energie etwas abhaben möchte, weiß, wo du bist.

Es gibt viele Menschen und Gruppen, inklusive Regierungen und Religionen, denen es wichtig ist, dass die Menschen in Angst und Verwirrung leben. Sowohl autoritäre Gruppen als auch Individuen haben selbst sehr viel Angst. Sie kontrollieren durch Angst, Gier und Mangel. Sie nähren sich von der Angst und Verwirrung der anderen und es gibt ihnen ein Gefühl der Macht. Das Letzte, was sie wollen, ist, dass die Menschen entspannt, klar und unabhängig sind.

Doch das goldene Neue Zeitalter bricht nun an und es wird nicht mehr lange dauern, bis die alten Fassaden fallen. Wenn die Energie durch Zusammenarbeit mehr und mehr fließt, werden die Menschen immer weniger bereit sein, Konkurrenzkämpfe zu führen und sich gegenseitig zu unterdrücken. Das Leben wird zur Teamarbeit. Alle werden sich dabei helfen, das Beste im anderen hervorzubringen, sodass jeder etwas davon hat. Bis jedoch jeder Mensch die höchsten Absichten für seine Mitmenschen haben wird, brauchen wir Schutz.

Ich habe immer daran geglaubt, dass der beste Schutz ein offenes Herz ist. Doch wir sind Wesen mit physischem, emotionalem, mentalem und spirituellem Körper, und jede Art von Disharmonie in einem dieser vier Körper macht uns verletzlich. So können uns Dunkelheit und Verwirrung beeinträchtigen.

■ *Wenn wir physisch, emotional, mental und spirituell stark sind, sind wir unbezwinglich.*

Dunkelheit entsteht aus schweren Schwingungen wie Angst, Eifersucht, Wut oder Depression. Wenn grüblerische, missgünstige, kritische oder ärgerliche Gedanken oder Emotionen auf dich gerichtet werden, können sie deine schwachen oder verletzlichen Bereiche wie Pfeile treffen. Sie nehmen dir die Klarheit und stürzen dich in Verwirrung. Dann beginnst du zu zweifeln und kannst nicht mehr meisterhaft auf deinem spirituellen Weg weitergehen.

Die Spiegel-Technik ist sehr hilfreich. Jemand, der dich mit schlechten Gedanken angreift, kann dich ängstlich oder sogar krank machen und du hast keine Ahnung, warum es dir schlecht geht. Hänge im Geiste einen Spiegel auf, dessen Spiegelfläche auf den Angreifer gerichtet ist. Dies schickt die Negativität zu ihm zurück.

Einmal war ich das Ziel eines psychischen Angriffs. Jemand wollte mein Licht auslöschen. Er griff mich ganz bewusst mit seinen Gedanken und seiner Energie an. Ich hängte einen auf ihn gerichteten Spiegel zwischen uns und eine Freundin sandte dieser Person Liebe. Die Angriffe hörten auf. Ich fragte, was geholfen hatte, und Kumeka antwortete: der Spiegel. Der Mann hätte durch den Spiegel unbewusst seine eigene Dunkelheit gesehen und wäre davon zutiefst schockiert gewesen. Wenn dich also dunkle Menschen angreifen, stell dir einen Spiegel vor, der ihre Energie zurücklenkt. Du kannst diesen Menschen auch Licht senden. Licht enthält spirituelle Information und Wissen, die Dunkelheit auflösen müssen.

Eine Frau, die ich kenne, war häufig krank. Kumeka sagte mir, dass ihre Tochter sie sehr hasse und ihr dauernd schwarze Gedanken schicke. Der Frau war dies nicht bewusst und sie wollte davon auch nichts wissen. Sie glaubte, dass ihre Tochter sie liebe. Ohne ihr zu sagen, dass es ihre Tochter war, die sie angriff, riet ich ihr, einen Spiegel aufzuhängen, um sich selbst zu schützen. Sie tat dies auch und fühlte sich sofort viel besser.

Wenn du nicht geerdet bist, bist du verletzlich. Angst zu haben bringt die größte Verletzlichkeit mit sich. Ein altes Sprichwort sagt, dass es nichts gibt, vor dem man sich fürchten müsse, dennoch ist Angst sehr lebendig. Jemand, der voller Sorgen und Angst zu Hause sitzt, ist für eigene und fremde Gedanken empfänglich. Wenn du charakterschwach und leicht beeinflussbar bist, bist du psychisch gesehen sehr offen. Du bist wie ein Ziel, das nur darauf wartet, getroffen zu werden.

Jemand mit starkem Charakter, der ruhig, entspannt und glücklich ist, ist unantastbar. Wenn du tanzt, lachst und Spaß hast, bist du eine Quelle der Frustration für jeden, der dich psychisch angreifen will. Er wird dich nicht zu fassen bekommen.

Wenn du dem Pfad zum Aufstieg folgen möchtest, ist es wichtig, dich selbst zu klären. Stelle sicher, dass du psychisch stark bist, die physischen Gesetze beherzigst und dir genügend gesunde Nahrung, frische Luft, Sport, Ruhe und Entspannung gönnst.

Unterdrückte oder abgelehnte Emotionen blockieren deine Chakren, während dich wilde, außer Kontrolle geratene Emotionen öffnen und aus dem Gleichgewicht bringen. Dein Ziel sollte sein, mit den Emotionen zu fließen, das heißt, sie zu achten und auszudrücken, was du fühlst. So hältst du deinen Emotionalkörper rein.

Dein Mentalkörper reflektiert deine Gedankenformen und Muster. Meister beobachten ihre Gedanken und suchen, falls nötig, die zugrunde liegenden Glaubensmuster und lösen sie auf.

Der beste Schutz ist Gelassenheit. Bist du in Harmonie mit deinem Geist? Erfüllt dich dein Leben? Hast du genügend Zeit, um die Schönheit der Welt um dich herum zu genießen? Bist du froh, auf der Erde zu sein? Um aufzusteigen, musst du dich entspannen und im Fluss sein können.

Mit Jenny, einer Klientin von mir, war ich gut bekannt. Sie war dabei, auf ihrem spirituellen Weg schnell voranzukommen. Jenny hatte schon viel Negativität in ihrer Aura geklärt. Trotzdem war ihr Hals immer sehr anfällig für Entzündungen. Sie konnte dann nicht mehr sprechen. Ihr wurde bewusst, dass sie oftmals dasaß und sich mit ihrer Hand den Mund zuhielt. Jenny wollte den Ursprung dieser Blockade finden. Sie entspannte sich und gelangte in eine leichte Trance, in der sie sich die Erinnerungen anschauen konnte, die sie anschauen musste. So glitt sie in ein früheres Leben, in dem sie ein Mann war. Er war Führer einer Armee. Als Kommandant hatte er seine Leute, die an seine Lehren geglaubt hatten, unbeabsichtigt in ein Massaker geführt. Er wurde gefangen und von seinen Feinden so lange verhöhnt und lächerlich gemacht, bis er seine eigenen Wahrheiten nicht mehr glaubte. Nachdem er eine Zeit lang im Gefängnis dahingesiecht war, wurde ihm als Ausweg Gift angeboten. Als Jenny diese Szene wieder durchlebte, wand sie sich vor Schmerz, als das Gift in der Kehle brannte.

Dann wurde ihr bewusst, dass all jene, die ihr damals gefolgt waren, heute zu ihrer Familie gehörten und dass sie Angst hatte zu sprechen, da sie so eine Katastrophe nicht noch einmal auslösen wollte.

Als ihr dies alles klar geworden war, konnte ich eine dunkle Energie in ihrem Halschakra sehen, die wie ein kleiner stacheliger Igel aussah. Dann kamen Engel und streichelten diese Energie so lange, bis aus ihr eine goldene Kugel der Weisheit wurde. Einer der Engel sagte zu Jenny: »Jetzt kannst du mit Weisheit sprechen.«

Wenn wir bereit sind, unsere Blockaden anzuschauen und sie loszulassen, wird das unseren Aufstieg beschleunigen. Jenny wird niemals wieder in ihrem Halschakra verletzlich sein.

Nichts geschieht zufällig, und während ich dieses Kapitel hier schreibe, ruft mich eine Freundin an, die ich hier Hanna nennen will. Sie ist gerade im Begriff, sich von ihrem Mann zu trennen, der in sein Heimatland zurückkehren will. Es war nicht überraschend, dass sie sich nervös und kränklich fühlte. Da sie glaubte, es würde ihr helfen, hatte sie beschlossen, kurz nach der Trennung eine Woche bei ihm im Ausland zu verbringen.

Hanna sagte: »Gerade hat mich Jean angerufen, ein Freund von mir, der Heiler ist. Er sagte, er fühlt, dass mein Mann von den dunklen Mächten benutzt wird, um mich psychisch anzugreifen. Wie kann dies sein und was kann ich tun?«

Hanna ist Lichtarbeiterin und Therapeutin und hat trotzdem, wie alle von uns, an ihren eigenen Themen zu arbeiten. Ihr Mann, der sehr nett ist, war ziemlich wütend auf sie. Ich bin sicher, dass er ärgerliche und frustrierte Gedanken aussandte, an die sich die Dunkelheit anheftete. Dieser dunkle Energiestrom, der von ihrem Mann ausgeht, durchdringt Hannas verletzte Aura. Wenn sie keine Lichtarbeiterin wäre, würde das Dunkle gar nicht versuchen wollen, sie von ihrer Arbeit abzuhalten.

Ich schlug ihr vor, den goldenen Christusstrahl regelmäßig anzurufen und einen gründlichen Reinigungsprozess durchzuführen. Wenn sie sich selbst und ihr Zuhause gereinigt hat, wird sie unantastbar sein. Ich erinnerte sie daran, dass ihr die Dunkelheit auch diene, da sie sie dazu zwinge, sich zu reinigen und zu schützen.

Ich bat sie zu bedenken, dass sich die Dunkelheit an die Gedanken ihres Mannes hängt, und wenn er an Hanna denkt, kann die Dunkelheit ihre Arbeit tun. Sobald sie sich richtig getrennt haben, werden die Gedanken von Hannas Mann weniger auf sie gerichtet sein und die Wirkung des Dunklen wird abnehmen. Wenn sie ihn allerdings besucht, wird seine alte Wut wahrscheinlich wieder hochkommen, und wenn sie sich zwischenzeitlich nicht gereinigt und geschützt hat, wird sie Hannas Aura wieder durchdringen. Sie entschloss sich, ihn nicht zu besuchen, solange sie sich nicht stärker fühlte.

Hier folgen einige kraftvolle Schutzmaßnahmen. Erinnere dich daran, dass Schutz nur so weit helfen kann, wie du an ihn glaubst. Wenn du überzeugt bist, dass dein Schutz hundertprozentig ist, dann wird es auch so sein.

Der blaue Mantel

Dunkelblau ist eine stark schützende Farbe. Es ist die Farbe von Erzengel Michael, dem großen Beschützer. Hole mit deiner Vorstellungskraft deine Aura nah an dich heran und stülpe einen blauen Mantel über sie. Ziehe die Kapuze über den Kopf und den Reißverschluss von unter deinen Füßen bis zum Kinn zu. Fühle und wisse, dass du völlig geschützt bist.

Das goldene Ei

Bitte die Engel, ein goldenes Ei um deine Aura zu legen. Lass daraus eine dicke goldene Schicht aus Energie werden. Dann stelle dir vor, wie die Engel um das goldene Ei noch eine dunkelblaue Schicht legen. Und schließlich legen sie violette Energie um das Blau. Das Violett wird dich vor allem dann schützen, wenn du mit Menschen arbeitest und dich ihrer Probleme annimmst. So kannst du dich vor der Negativität anderer Menschen schützen.

Der goldene Christusstrahl

Eine der kraftvollsten und am besten schützenden Energien ist der goldene Christusstrahl. Er muss dreimal angerufen werden. Du kannst ihn entweder selbst herbeirufen, oder deine Monade oder deine ICH-BIN-Gegenwart bitten, ihn zu invozieren. Nach dem dritten Mal füge hinzu: »Es ist vollbracht.«

Beispiel: »Ich bitte meine Monade, jetzt den goldenen Christusstrahl für meinen vollkommenen Schutz anzurufen.« Sage dies dreimal und füge dann hinzu: »Es ist vollbracht.«

EINE LICHTRÖHRE

Erbitte eine Lichtröhre von deiner machtvollen ICH-BIN-Gegenwart, damit sie dich während des Tages schützt. Bitte darum, dass sie intakt und göttlich aufgeladen bleibt, damit nichts, was nicht von Gott und vom Christuslicht kommt, sie durchdringen kann. Du kannst auch darum bitten, dass das göttliche Licht alles Negative in dir ins Positive umwandelt.

DEIN ENGEL

Bitte immer deinen Engel, dich zu beschützen. Durch das Bitten stärkst du die Bande zwischen ihm und dir.

11. Kapitel

Finde deine Mission

Der höhere Sinn deines Lebens beschert dir große Freude und Erfüllung. Wenn du begeisterungsfähig, lebendig und inspiriert bist, dann bist du auf dem richtigen Weg. Wenn du das tust, was dir eine tiefe Erfüllung bietet, und wenn du nicht bereit bist, weniger als das zu tun, dann erfüllst du deinen Lebenssinn.

Es gibt auch noch andere Hinweise für deine Mission.

Weniger hoch entwickelte Seelen können unter vielen Wegen einen wählen. Es sind immer mehr Grundschul- als Doktorandenplätze vorhanden. Die entwickelte Seele wird sich sorgfältig ihre Mission aussuchen und sich darauf vorbereiten. Sie ist bereit, auf die richtige Zeit und die richtigen Umstände zu warten. Dies bedeutet, dass du dir, bevor du dich inkarnierst, Geburtsdatum und -ort sowie die Eltern aussuchst, die dir die wichtigsten Lernschritte ermöglichen.

Die Astrologie kann dir viele Informationen über deinen Lebensweg geben. Ein guter Astrologe kann dir Einsichten in frühere Leben wie auch in dein momentanes Leben geben. Einfacher gesagt: Wie fühlst du dich mit deinem Geburtszeichen? Wenn du noch nicht darüber nachgedacht hast, denke jetzt darüber nach. Wie fühlst du dich mit deinem Geburtsort? Wie fühlst du dich an deinem Geburtstag?

Jedes Sonnenzeichen hat eine dazugehörige Lektion:

- Feuerzeichen: Widder, Löwe, Schütze – anderen die göttliche und allumfassende Liebe geben.
- Erdzeichen: Stier, Jungfrau, Steinbock – Dienst am anderen üben und geerdet bleiben.
- Luftzeichen: Zwillinge, Waage, Wassermann – Geschwisterschaft leben. Jeder Mensch ist eine Schwester oder ein Bruder.
- Wasserzeichen: Krebs, Skorpion, Fische – in allen Umständen im eigenen inneren Frieden zentriert bleiben, sodass deine »Drähte« nicht durch die Emotionen anderer verwirrt werden.

Numerologie ist die Wissenschaft der Zahlen. Jede Zahl hat eine Schwingung und numerologisch betrachtet gibt dein Geburtsdatum Auskunft über deinen Lebensweg.

Von höherer Ebene aus gesehen, teilt die hereinkommende Seele ihren Eltern den Namen mit, mit dem sie gerufen werden möchte. Jeder Buchstabe eines Namens hat eine eigene Schwingung und deshalb hat auch der Name selbst eine Schwingung. Wir leben in einem Universum von Schwingung, Gleiches zieht Gleiches an. Jedesmal, wenn unser Name ausgesprochen wird, ziehen wir Erfahrungen und Lernaufgaben an, die unser Leben erfüllen.

Viele Menschen werden in der Kindheit mit einer Abkürzung ihres Namens oder einem Spitznamen bedacht und ziehen erst im Erwachsenenalter die ganze Schwingung ihrer Lernaufgabe an. Ich persönlich hatte eine recht weit verbreitete Kindheitserfahrung. Normalerweise rief man mich mit einer Abkürzung meines Namens. Wenn aber die Erwachsenen ihre Missbilligung ausdrücken wollten, benutzten sie meinen vollen Namen. Dies vermittelt sensitiven Kindern den Eindruck, dass ihre Mission schwierig und gefährlich sei.

Wenn du deinen Namen nicht magst, heißt das nicht unbedingt, dass deine Eltern nicht richtig zugehört haben, sondern eher, dass du die Lernaufgaben ablehnst, die du dir selbst ausgesucht hast!

Wenn du fühlst, dass dein Name nicht zu dir passt, ist es wichtig zu verstehen, warum dies so ist. Wenn er dir gefällt, könnte dies zeigen, dass du dich und dein Schicksal magst.

Meine beiden Töchter entschieden sich zur gleichen Zeit dafür, ihre Vornamen zu ändern. Mein Geistführer sagte mir, dass die Ältere der beiden, die sich für ihren zweiten Vornamen Dawn entschieden hatte, damit einen hellsichtigeren und spirituelleren Aspekt ihres Schicksals realisiert. Meine jüngere Tochter änderte ihren Namen von Lorraine zu Lauren, was eine sanftere Energie in ihr Leben brachte. Einige Menschen, die ich kenne, konnten die Lernaufgaben, die sie mit einem neuen Namen angezogen hatten, schnell erledigen. Sobald sie ihren Namen geändert hatten, hatte sich ihr Lebensweg subtil verändert. Wenn eine Frau bei der Hochzeit den Namen ihres Mannes annimmt, akzeptiert sie eine neue Schwingung in ihrem Leben (siehe Kapitel 37).

Da wir als Kinder unserer Seelenenergie so viel näher sind, können uns unsere Kindheitsfantasien Hinweise auf unsere Mission geben. Ein Kind, das gerne Krankenschwester werden möchte, drückt damit vielleicht sein Verlangen aus, zu dienen oder zu heilen. Ein Kind, das gerne Bergsteiger werden möchte, könnte zu einem Forscher, Pionier oder spirituellen Führer werden. Der kleine Junge, der Lokomotivführer werden möchte, hat vielleicht einen Drang zu Führerschaft und Kontrolle über etwas Großes.

Unsere Eltern sind es, die uns zu unserer Mission führen. Sie sind die Kommandanten, die uns auf unseren Weg vorbereiten, selbst wenn sie uns verlassen, missbraucht oder misshandelt haben. Dies sind äußerst wichtige Fakten.

■ *Du bist als Lichtwesen auf die Erde gekommen, um von den schlechten Eigenschaften deiner Eltern zu lernen, sie zu überwinden und ihre guten Eigenschaften zu übernehmen. Dies ist ein wichtiger Teil deiner Lebensaufgabe.*

Wenn einer deiner Elternteile schwach war und dich nicht unterstützt hat, ist es deine Aufgabe, Schwäche zu überwinden und dich so lange zu stärken, bis du unabhängig bist.

Ein kritischer Elternteil beschert dir die Aufgabe, dich selbst und andere Menschen wertzuschätzen. Ein ehrgeiziger, vorantreibender Elternteil zeigt dir, dass es vielleicht Teil deiner Aufgabe ist, Ausgeglichenheit zu lernen. Ein sturer, dickköpfiger Elternteil fordert, dass du Toleranz lernst, und gibt dir auch die Gelegenheit, Ausdauer zu entwickeln. Ein Elternteil, der dich missbraucht hat (psychisch, emotional oder körperlich), zeigt dir, dass es deine große Mission ist, bedingungslos zu lieben. Missbrauch in der Kindheit kann im Erwachsenenalter oft dazu genutzt werden, die Fähigkeit zum Heilen zu entwickeln. Außerdem bietet er die Herausforderung, nicht das gleiche Muster anzunehmen und andere zu missbrauchen. Einige mutige Seelen sehen Missbrauch und Missachtung als Einweihungstest, überwinden ihn und erwerben so die nötige Erfahrung, um anderen missbrauchten Menschen ins Licht zu helfen.

Falls deine Eltern abwesend oder desinteressiert waren, sollte dies dich auf einen Weg der Selbst-Motivation bringen oder dich befähigen, Dinge allein zu erledigen.

Die guten Eigenschaften deiner Eltern sollten von dir übernommen und in dir verstärkt werden. Großzügige Eltern helfen dir, offenherzig zu sein, mutige Eltern, stark zu sein. Wenn du dir liebevolle, warmherzige und unterstützende Eltern ausgesucht hast, besitzt du eine gute Grundlage, starke Beziehungen zu knüpfen, die dich auf deinem Lebensweg unterstützen.

Wie du also siehst, haben dich deine Eltern auf deinen Lebensweg vorbereitet. Welche Neigungen solltest du noch überwinden? Welche Seelenqualitäten entwickelst *du*?

Deine Ängste sind wie Drachen auf deinem Weg. Sie hindern dich daran vorwärtszugehen und blockieren deine Klarheit. Selbst wenn du vor ihnen flüchtest, indem du einen anderen Weg nimmst, wirst du ihnen immer wieder gegenüberstehen.

Denke daran, Angst dient der Liebe. Bitte um Führung und bewältige deine Drachen.

Jede Erfahrung, die du bisher hattest, ist Vorbereitung auf deinen weiteren Lebensweg.

Obwohl es wundervoll ist zu wissen, dass du mit der Mission inkarniert bist, Krankenschwester, Heiler, Industrieboss oder Delphin-Schwimmer zu sein, ist es nicht unbedingt nötig, deine Mission zu kennen. Bitte in deiner täglichen Meditation, dass dir der nächste Schritt gezeigt wird. Türen werden sich öffnen und dein Schicksal wird klar werden.

12. Kapitel

Die Monade

Am Anfang war das OM, der Ton der Schöpfung, der in dieses Wort übersetzt wurde. Jede Kultur besitzt bemerkenswert ähnliche Mythen über die Schöpfung und jeder Mythos enthält die Essenz der Wahrheit.

So verstehe ich die Geschichte der Schöpfung. Der Schöpfer ist reine Liebe und reines Licht, allmächtig und weise. Reine Liebe und reines Licht haben jedoch nichts, mit dem sie dich herausfordern könnten. Wenn du z.B. mit bedingungslos liebenden Menschen umgeben bist, kannst du keine bedingungslose Liebe üben. Es wäre zu einfach. Ohne Herausforderung kann man nicht wachsen. Ohne Dunkelheit kann sich das Licht mit nichts messen. Und so wollte sich der Schöpfer ausdehnen und experimentieren.

Er/sie erschuf zwölf Universen und sandte Milliarden Funken seiner/ihrer Energie aus. Jeder Funke hat eine eigene Mission, um dadurch Erfahrungen zu sammeln. Diese ersten Funken werden Monaden genannt. Sie sind von unglaublicher Brillanz, einem unbeschreiblichen Licht und einer wundervollen Liebesschwingung. Der Plan ist, dass diese Monaden nach Beendigung ihrer Mission zu Gott zurückkehren, genau wie Kinder zur Familie zurückkehren, um ihre erworbene Weisheit und ihre Erfahrungen mit der Familie zu teilen und diese zu bereichern.

Um ihre Mission erfüllen zu können, mussten diese Monaden mit der Zeit immer mehr wachsen und Erfahrungen machen. So sandte jede von ihnen zwölf Seelen aus. Diese sind das, was wir als unser Höheres Selbst kennen. Als sich die Seelen entschieden hatten, sich auszudehnen und weitere Erfahrungen zu machen, sandte jede von ihnen zwölf Strahlen aus und verringerte ihre Schwingung, sodass dichtere Materie erfahren werden konnte. Du bist einer dieser Seelenstrahlen.

Dies bedeutet, dass ein Aspekt deiner Seele auf dem Saturn, ein weiterer Aspekt auf der Venus und andere wiederum auf den Plejaden sein können. Ein guter Teil deiner Gesamtenergie ruht sich vielleicht gerade in der Seele aus oder befindet sich zwischen zwei Inkarnationen. Doch ihr seid alle psychisch miteinander verbunden.

Einige Seelen haben sich sogar entschlossen, Boten in die Zonen des freien Willens im Universum zu senden, um dichte (physische) Materie erfahren zu können. Dies bedeutete, dass diese Abgesandten ihren Ursprung vergessen würden – ein wirklich furchteinflößendes und gefährliches Unterfangen, das bei Versagen hart bestraft wird und bei Erfolg wundervoll belohnt. Dieses Unternehmen bedeutete, Aspekte der Seele auf die Erde zu schicken. Viele, die hergekommen sind, verfingen sich mehr und mehr in der Dichte der Materie. In ihrem Bestreben, sich von der Dunkelheit zu befreien, die sie mittlerweile tief geprägt hatte, reinkarnierten sich einige Seelen Tausende Male.

In der gegenwärtigen Evolutionsperiode inkarnieren sich erleuchtetere Seelen, um beim großen Erwecken zu helfen. Einige Seelen und Monaden senden sogar mehrere ihrer Persönlichkeiten auf die Erde, sodass zu diesem Zeitpunkt auch andere Aspekte deiner Seele oder Monade hier sein können.

Es gab Zeiten, in denen keiner einen anderen Aspekt seiner Seele auf der Erde treffen konnte. Doch dies ist nicht mehr so. Ich kenne viele Menschen, die andere Persönlichkeiten ihrer Seele oder Monade getroffen haben. Auch habe ich bestimmt andere aus meiner Seele getroffen, die sich ebenfalls entschieden haben, zu dieser besonderen Zeit auf der Erde zu sein und beim großen Bewusstseinswandel zu helfen. So channele ich z.B. oft zusammen mit Shaaron, die aus der gleichen Monade stammt. Wir sind sozusagen spirituelle Cousinen.

Du hast 11 Seelenbrüder oder -schwestern irgendwo in den Galaxien, mit denen du eng verbunden bist, doch insgesamt seid ihr 144 in eurer Monade. Die schlechte Nachricht ist, dass ihr alle physisch miteinander verbunden seid und einer oder mehrere der anderen etwas von deiner Energie abziehen können. Die gute Nachricht ist, dass ihr euch so gegenseitig helfen und unterstützen könnt.

Vor vielen Jahren, als ich von diesen Dingen noch nichts wusste, ging ich zu einem Vortrag. Eine Frau im Publikum sagte, dass sie immer müde wäre und nicht verstehen könne, wieso. Der Redner wandte sich ihr zu und sagte, dass ein anderer Aspekt ihrer Seele ihr Energie entziehe. Dies sei zwar normalerweise nicht akzeptabel, in ihrem Falle allerdings bestünde eine Absprache auf höherer Ebene, bei der sie sich bereit erklärt hätte, ihre Seelengeschwister mit ihrer Energie zu unterstützen. Die Frau konnte dies absolut akzeptieren und sah ein, dass sie anderen damit einen Dienst erwies.

Normalerweise ist es nicht akzeptabel, dass ein anderer dir Energie entzieht, denn dies ist eine Form von Co-Abhängigkeit. Wenn du den Verdacht hast, dass jemand dir Energie raubt, dann sage dieser Person vor dem Schlafengehen höflich, aber bestimmt, dass du sie achtest und liebst, dass es aber deine Energie ist und du ihr nicht länger erlaubst, sich zu bedienen. Einmal erfuhr ich, dass ein anderer Aspekt meiner Seele Energie von mir nahm. Als ich die Verbindung gekappt und der Person telepathisch übermittelt hatte, dass sie meine Energie nicht mehr nehmen dürfe, fühlte ich mich viel besser.

Wenn du die dritte Einweihung hinter dir hast (und das kann gut sein, da du dieses Buch liest), verbindest du dich mit deinem Höheren Selbst. Dann wirst du von der Monade geführt und bewegst dich in einer viel höheren Schwingung. Bei der vierten Einweihung vereinigst du dich mit deiner Monade.

Die Monade wird oft auch die ICH-BIN-Gegenwart genannt oder *der Vater im Himmel.*

In der fünften Dimension geht es um Liebe, Gleichheit und Zusammenarbeit. Deine Seelengruppe steigt gemeinsam auf. Das heißt, dass du nicht aufsteigen kannst, bevor die anderen auch so weit sind. Beim Aufstieg geht es nicht um Einzelpersonen, die allein voranstürmen. Es geht um Seelenfamilien (Aspekte deiner Monade) und Seelengruppen (Gruppen von Menschen mit ähnlicher Schwingung), die gemeinsam vorwärtskommen. Wir wissen nicht, wer zu unserer Seelengruppe gehört, und es ist vielleicht sogar so, dass ein Mensch, den wir verachten oder einfach nicht leiden können, sehr wohl der Schlüssel zu unserem Fortschritt sein kann. Akzeptiere jeden und hilf jedem! In vielen Fällen kann jemand mit einer höheren Schwingung einer ganzen Gruppe zum Aufstieg verhelfen. Zusammenarbeit ist ein Schlüssel zum Aufstieg.

13. Kapitel

Dritt- und viertdimensionale Chakren

Ein Chakra ist ein spirituelles Energiezentrum. Wir haben sieben Hauptzentren im Körper. Ihr Zweck ist es, Energie aufzunehmen und umzuwandeln.

In der dritten Dimension haben die Chakren die Farben des Regenbogens und erzeugen, wenn sie sich vollkommen ausgerichtet drehen, weißes Licht.

Die drittdimensionalen Chakren

- Das *erste Chakra* ist das Basiszentrum. Es ist rot und seine Aufgabe ist unser physisches, materielles Überleben. Es hilft uns zu handeln und Dinge zu erledigen. Unsere Lebenskraft oder Kundalini-Energie hat hier ihren Sitz.
- Das *zweite Chakra* ist das Sakralzentrum. Es ist orange, die Farbe der Freundlichkeit und Geselligkeit. Es ist unser Emotional- und Sexualzentrum und mit den Ansichten unseres kollektiven Unbewussten über Sexualität verbunden. Dies ist das Chakra des Hellfühlens, also der Fähigkeit, physischen Schmerz von jemand anderem aufnehmen und im eigenen Körper umwandeln zu können. Viele von uns haben schon die Erfahrung gemacht, dass wir mit einer Person gesprochen haben, die Kopfweh hatte. Wir hörten uns die Probleme an und bekamen selbst Kopfschmerzen, während der andere vergnügt nach Hause ging. Hellfühligkeit kann auch wesentlich tiefere Probleme einfangen.
- Das *dritte Chakra* ist der Solarplexus. Es ist gelb und das

Zentrum unseres Mutes, Selbstbewusstseins und unserer Willenskraft. Wenn wir andere kontrollieren möchten, tun wir es über dieses Chakra. Wenn wir Angst haben, färbt es sich grünlich-gelb oder bräunlich. Je selbstbewusster, unabhängiger und weiser wir sind, umso tiefer ist das Gelb. Aus dem Solarplexuschakra senden wir immer Fühler aus, die überprüfen, ob wir in Sicherheit sind, z. B. beim Autofahren. Wenn wir fühlen, dass ein geliebter Mensch Probleme hat, sucht unsere Solarplexus-Antenne nach Informationen. Die meisten von uns halten hier noch Ängste aus der Kindheit oder aus früheren Leben fest. In diesem Fall wird sich unser Solarplexus anspannen, wenn jemand mit ähnlicher Angst oder Wut in unserer Nähe ist.

- Das *vierte Chakra* ist das Herzchakra. Es ist grün mit einem rosafarbenen Zentrum. Wenn wir an alten Gefühlen von Ablehnung festhalten, schließt sich dieses Chakra. Wenn es sich aber mit Mitgefühl, Liebe und Empathie öffnet, werden wir zu Heilern und andere Menschen fühlen sich sicher und geborgen in unserer Gegenwart.
- Das *fünfte Chakra* ist das Halschakra. Es ist türkis und das Zentrum für Kommunikation. Es geht darum, das auszusprechen, was wir wirklich fühlen und glauben. Wenn wir Angst haben zu sprechen oder andere zufriedenstellen wollen, blockieren wir dieses Zentrum. Eine solche Blockade kann sich z.B. als Halsentzündung manifestieren. Ein Schmerz im Halswirbelbereich kann bedeuten, dass uns jemand im Nacken sitzt und wir dieser Person nicht zu sagen wagen, was wir wirklich fühlen. Wenn das fünfte Chakra offen ist, sind wir telepathisch empfänglich. Wir nehmen dann medial Eindrücke auf und hören auf unsere innere Stimme.
- Das *sechste Chakra* ist das Dritte Auge. Es ist indigoblau, und wenn es geöffnet ist, sind wir hellsichtig und medial aktiv. Außerdem wird unsere Heilungsfähigkeit verstärkt.
- Das *siebte Chakra* ist das Kronenzentrum. Es ist violett und unsere Verbindung zum Höheren Selbst.

- Das *achte Chakra* wird auch der »Sitz der Seele« genannt. Es ist blau-weiß und steht in Beziehung zu unserem aurischen Feld. Durch das achte Chakra verbinden wir uns mit dem Höheren Selbst oder der Seele, um Führung zu erhalten. Es befindet sich über dem Kopf, und indem wir die viertdimensionalen Chakren herunterbringen, steigt es in das Kronenzentrum hinab, mit dem es sich dann zeitweise verbindet.

Indem wir uns von dreidimensionalen zu vierdimensionalen Wesen entwickeln, bewegen sich die sieben Hauptchakren mehr und mehr die Beine hinunter. Drittdimensionale Chakren stehen mit festen und physischen Dingen in Beziehung. Unsere viertdimensionalen Chakren sind gleichzeitig fest und durchlässig und verbinden uns auf persönlicher wie auch auf galaktischer Ebene. Wenn unsere viertdimensionalen Chakren offen sind, heißt dies, dass wir für intergalaktische Arbeit und Kommunikation bereit sind. Fünftdimensionale Chakren sind reines Licht.

Wenn sich die ersten sieben Chakren die Beine hinunterbewegen, steigen die nächsten sieben herab, um ihren Platz einzunehmen. Das neunte Chakra nimmt dabei den Platz des ersten Chakras ein etc. Dann bewegen wir uns in die vierte Dimension und unser Persönlichkeitsselbst verschmilzt mit der Seele.

Wenn das fünfzehnte Chakra den Platz des achten einnimmt, empfangen wir Führung und Anweisung direkt aus unserer Monade.

DIE VIERTDIMENSIONALEN CHAKREN

- Das *neunte Chakra* im Basiszentrum ist von einem wundervoll strahlendem Perlweiß. Dies ist das Chakra der Freude, und wenn es sich öffnet, entzündet es Licht in den Körperzellen. Wenn wir uns in Freude und Vergnügen verankern, statt uns im Überlebenskampf zu verlieren, wird unser ganzes Verhalten von Vertrauen und Sanftheit bestimmt. Wir erstrahlen in Licht. Auf galaktischer Ebene hebt uns dieses Chakra aus der Erdatmosphäre heraus. Von dort aus verbinden wir uns neu mit der Erde und werden einer ihrer Hüter. Wir sind wahrhaftig verantwortungsvolle Wesen.

- Das *zehnte Chakra* im Sakralzentrum ist von einem strahlenden Rosa-Orange. Wenn sich unsere männlichen und weiblichen Energien gegenseitig ausgleichen, öffnet sich dieses Chakra und hält uns auf die Seele ausgerichtet.

Stelle dir eine altmodische Szene vor, in der Mann und Frau streng gegensätzliche Rollen einnahmen. Die Frau war kreativ, intuitiv und künstlerisch begabt. Sie liebte ihren Mann, nährte und umsorgte ihn. Dafür beschützte und unterstützte ihr Mann sie. Er bedachte ihre intuitiven Einsichten und fällte die Entscheidung, wie zu handeln war. Er gab, sie nahm.

Nimm jetzt diese Frau und diesen Mann aus der Geschichte heraus und bezeichne sie einfach als weibliche und männliche Energien oder Yin und Yang, was vielleicht weniger verwirrend ist. Du wirst erkennen, wie diese Energien dazu gedacht sind, innerlich in vollkommenem Gleichgewicht zu arbeiten und sich gegenseitig zu unterstützen. Unser inneres Leben spiegelt sich im Außen.

Ein vollkommenes Gleichgewicht liegt vor, wenn unsere Yin-Seite kreative Ideen und Intuitionen hat und darin von der Yang-Seite tatkräftig unterstützt wird. Während wir von unserer Yang-Energie beschützt werden und sie logische Vorkehrungen trifft und bedacht handelt, nährt, umsorgt und tröstet uns die Yin-Seite.

Es ist hilfreich, einmal zu prüfen, wie sehr wir im Gleichgewicht sind.

- Wie sind deine Beziehungen zu den Männern in deinem Leben? Vater, Brüder, Onkel, Chef, Freunde?
- Als Mann, wie fühlst du dich mit den Erwartungen, die man

von dir hat: stark zu bleiben und dennoch zu geben und zu umsorgen? Wie fühlst du dich als Versorger?

- Als Frau, wie fühlst du dich mit den Erwartungen, dass du einen Beruf hast und dabei auch noch Frau und Mutter sein sollst?
- Die Welt draußen und die Arbeitswelt werden von der männlichen Energie repräsentiert. Wie ist deine Einstellung zu diesen Welten?
- Welche Beziehung hast du zu Geld, Macht und Politik?
- Wie gibst du?
- Bist du autoritär, kontrollierend, dominant und anmaßend?
- Denkst du zu viel? Bist du intellektuell? Rationalisierst, analysierst und kategorisierst du alles?
- Hast du Angst vor der Zukunft oder willst du immer voranstürmen?
- Ist die rechte Seite deines Körpers entspannt und stark oder ist sie schwach, verletzt oder verspannt? Unsere Yang-Seite wird von unserer linken Gehirnhälfte gesteuert, die intellektuell, kontrollierend und extrovertiert ist. Probleme hiermit zeigen sich physisch in der rechten Körperhälfte.
- Wie sind deine Beziehungen zu den Frauen in deinem Leben? Mutter, Schwestern, Tanten, Chefin, Freundinnen?
- Als Frau, wie fühlst du dich, wenn du deine fürsorgliche Seite im Beruf zeigst?
- Als Mann, wie fühlst du dich damit, deine verletzlichen, fürsorglichen und gebenden Seiten zu zeigen?
- Wie fühlst du dich beim Umsorgen und Heilen anderer? Kannst du sanft, mitfühlend und weise sein?
- Achtest du deine Intuition? Lässt du deine kreative und künstlerische Seite fließen?
- Kannst du zuhören? Kannst du um Hilfe bitten? Kannst du annehmen?
- Hältst du an der Vergangenheit fest oder lehnst du sie ab?
- Ist die linke Seite deines Körpers entspannt und stark oder ist sie schwach, verletzt oder verspannt? Unsere Yin-Seite wird von unserer rechten Gehirnhälfte gesteuert, die krea-

tiv, intuitiv und fürsorglich ist. Probleme hiermit zeigen sich physisch in der linken Körperhälfte.

Die Aktivierung des zehnten Chakras lässt uns das Sonnensystem erreichen, sodass wir Informationen erhalten, Licht und Liebe aussenden und uns mehr der Heilung unseres Planeten widmen können.

- Das *elfte Chakra* im Solarplexus ist reines, schimmerndes Gold. Gold ist die Farbe der Weisheit. Sie steht für Macht und Selbstvertrauen. Auf der dreidimensionalen Ebene ist der gelbe Solarplexus ein psychisches Chakra, das fortdauernd die Schwingungen der Menschen und Situationen um sich herum aufnimmt. Wenn wir im Solarplexus unverarbeitete Ängste aus diesem oder einem früheren Leben gespeichert haben – und die meisten von uns haben dies –, dann werden sich Ängste oder negative Emotionen von anderen an unseren Solarplexus heften und wir werden uns verspannt und unwohl fühlen. Das elfte Chakra ist ein galaktisches Chakra, und wenn es herabsteigt und sich öffnet, spielt es eine wichtige Rolle bei Gruppenmeditationen zur Einstimmung auf andere Galaxien.
- Das *zwölfte Chakra* im Herzzentrum ist von einem blassen, ätherischen Rosaviolett. Es ist die völlige Verfeinerung der Herz-Energie und öffnet sich, wenn wir der Erleuchtung näherkommen. Das Christusbewusstsein ist hier verankert. Wenn sich dieses Chakra öffnet, leben wir in bedingungsloser Liebe und öffnen durch unsere Anwesenheit die Herzchakren der Menschen um uns herum. Dieses Chakra verbindet uns mit dem Rest des Universums.

■ *Im Wassermannzeitalter geht es darum, im Christusbewusstsein zu leben.*

- Das *dreizehnte Chakra* im Halschakra ist von einem tiefen Blauviolett. Wenn dieses Chakra herabsteigt und sich öffnet, stehen uns sehr hohe psychische und spirituelle Energien zur Verfügung. Wir öffnen unsere eigenen Heilkanäle und es wird uns möglich sein, sowohl mentale als auch körperliche Probleme zu heilen. Wir öffnen uns medialen Fähigkeiten und können mit den Gesetzen der Materialisation und Dematerialisation arbeiten. Dabei benutzen wir unsere Gedanken und unsere Kraft. Jetzt können wir direkt mit Erzengeln und höheren Wesen kommunizieren. In diesem Chakra liegt eine besondere Stärke.

- Das *vierzehnte Chakra* im Dritten Auge ist von einem durchsichtigen goldenen Weiß. Wenn sich dieses Chakra öffnet, gibt sich unser Verstand automatisch dem Göttlichen Plan hin. Unsere Gedanken haben eine höhere und reinere Schwingung. Wir sind wirklich eins mit dem Willen Gottes. Wir können das Karma anderer Menschen umwandeln und sind nun offen für die höheren Ebenen der Hellsichtigkeit und Prophetie. Auf den inneren Ebenen kommunizieren wir mit Meistern und höheren Führern.
- Das *fünfzehnte Chakra* ist weiß-violett. Wenn dieses Chakra in die Krone hinabsteigt, sind wir völlig mit unserer Seele oder dem Höheren Selbst verschmolzen und wir bekommen unsere Führung und Anweisungen direkt von der Monade.

Um die viertdimensionalen Chakren öffnen zu können, müssen wir die vierte Einweihung hinter uns haben. Diese ist für die meisten von uns wie eine Kreuzigung. Wenn du in deinem Leben ein Erlebnis dieser Art hattest, könnte es gut sein, dass diese Herausforderung alte Rückstände verbrannt hat. Das ermöglicht dir, in die vierte Dimension einzutreten.

Mir wurde gesagt, dass die fünfte, sechste und siebte Einweihung einfacher seien. Es ist ein Prozess der dauernden Reinigung, des Sich-Anfüllens mit Licht und dem Dienst an der Menschheit – oder was auch immer dein Lebensweg darstellt.

ÜBUNG – MEDITATION, UM DIE VIERTDIMENSIONALEN CHAKREN HERABZUHOLEN:

1. Entspanne dich und begib dich in einen meditativen Zustand.
2. Verschiebe dein rotes Chakra vom Basiszentrum hinunter zu den Füßen.
3. Verschiebe dann dein orangefarbenes Chakra vom Sakralzentrum in die Fußgelenke,
4. dann das gelbe Chakra aus dem Solarplexus in die Waden,
5. das grüne Chakra aus dem Herzzentrum in die Knie,
6. das türkisfarbene Chakra aus dem Halszentrum über die Knie,
7. das indigofarbene Chakra aus dem Dritten Auge in die Oberschenkel,
8. das violette Chakra aus dem Kronenzentrum in die Leisten.
9. Bringe nun dein achtes Chakra ins Kronenzentrum und lass es dort seinen Platz einnehmen.
10. Bringe dein weiß-violettes fünfzehntes Chakra ins Kronenzentrum.
11. Bringe dein golden-weißes vierzehntes Chakra ins Dritte Auge.
12. Bringe dein tiefblau-violettes dreizehntes Chakra ins Halszentrum.
13. Bringe dein blassviolett-rosafarbenes zwölftes Chakra ins Herzzentrum.
14. Bringe dein goldenes elftes Chakra in deinen Solarplexus.
15. Bringe dein rosa-orangefarbenes zehntes Chakra in dein Sakralzentrum.
16. Bringe dein perlweißes neuntes Chakra in dein Basiszentrum.
17. Sitze still und strahle in diesen neuen hoch schwingenden Farben.
18. Beende deine Meditation, indem du deine Chakren schließt.

14. Kapitel

Die höheren Chakren

Hier findest du die fünft-, sechst- und siebtdimensionalen Chakren mit ihren jeweiligen Farben, ihren Funktionen und Affirmationen, die helfen, diese Chakren zu integrieren.

Die ICH-BIN-Affirmationen

Die ICH-BIN-Affirmationen sind sehr kraftvoll und für Lichtarbeiter äußerst wichtig.

»ICH BIN« bezieht sich auf die individuelle Monade bzw. das Gott-Selbst. Das heißt, das individuelle Gott-Selbst identifiziert sich bzw. verschmilzt mit dieser Eigenschaft oder diesem Wesen.

»ICH BIN das kosmische Herz« heißt, dass das individuelle Gott-Selbst mit dem kosmischen Herzen verschmilzt.

»ICH BIN Freude« heißt, dass sich das individuelle Gott-Selbst absolut mit Freude identifiziert.

»ICH BIN Saint Germain« heißt, dass das individuelle Gott-Selbst Zugang zu den Eigenschaften von Saint Germain hat.

Fünftdimensionale Chakren

Es gibt sieben fünftdimensionale Chakren. Dabei handelt es sich um die Chakren sechzehn bis zweiundzwanzig. Kumeka sagt, dass sie nun bei jedem Menschen zugänglich sind.

Chakra	Position	Farbe	Affirmation
16. Chakra	Basis	Platin	ICH BIN verwurzelt in reinem Geist.
17. Chakra	Sakral	Magenta	ICH BIN das Göttliche Weibliche.
18. Chakra	Solarplexus	Gold mit Regenbogen	ICH BIN ein galaktischer Meister.
19. Chakra	Herz	reines Weiß	ICH BIN kosmische Liebe.
20. Chakra	Kehle	Königsblau	ICH BIN Mitschöpfer mit Gott.
21. Chakra	Drittes Auge	Kristall	ICH BIN DER ICH BIN.
22. Chakra	Krone	Kristall	

Das sechzehnte Chakra

Das Basiszentrum ist platinfarben und mit dem Delfinstrahl der Weisheit verbunden. Wenn du dein fünftdimensionales Basischakra hereinholst, begibst du dich auf den Pfad des Aufstiegs und kannst Dienste anbieten, die auf einem soliden spirituellen Fundament beruhen. Nun suchst du Menschen, denen du dein heiliges Wissen mitteilen kannst.

Das siebzehnte Chakra

Das fünftdimensionale Sakralzentrum besitzt ein schimmerndes Magenta-Pink, die Energie des Göttlichen Weiblichen bzw. der Göttin. Es öffnet sich, wenn du Einheit mit allem, was ist, fühlst – mit dem Pflanzen- und Mineralreich, mit der Menschheitsfamilie. Es wird aktiviert, sobald du bereit bist, die Eigenschaften von Weisheit, Mitgefühl und Großzügigkeit in dein Leben zu integrieren.

Das achtzehnte Chakra

Das fünftdimensionale Solarplexuszentrum hat ein tiefes Gold, in dem Regenbogenlicht schimmert. Nun bist du bereit, Zugang zu aller Weisheit deiner früheren Leben zu bekommen und dich mit anderen Galaxien zu verbinden. Du hast du die Möglichkeit, bewusst oder unbewusst als Botschafter anderer Planeten auf der Erde zu wirken. Dies findet zumeist im Schlaf statt.

Das neunzehnte Chakra

Das fünftdimensionale Herzzentrum richtet sich nun nach dem großen kosmischen Herzschlag aus. Es ist reinweiß und bringt das Christusbewusstsein herein, das bedingungslose Liebe und Akzeptanz für alle Lebensformen ist.

Das zwanzigste Chakra

Das fünftdimensionale Halszentrum ist königsblau. Dieses Chakra kommt herein, sobald du deine volle Verantwortung als Mitherrscher mit dem Göttlichen übernimmst. Bis zu diesem Punkt möchte ein Teil von dir Gott auf ein Podest außerhalb von dir selbst stellen und nicht die Weisheit, Macht und die Kraft Gottes im Inneren erkennen.

Das einundzwanzigste Chakra

Das fünftdimensionale Dritte Auge ist kristallklar. Es wird zur Kristallkugel der Seher, der Magier, jener, die alles wissen, alles bezeugen und doch nicht urteilen.

Das zweiundzwanzigste Chakra

Das fünftdimensionale Kronenzentrum wird kristallklar, sobald du mit deiner Monade verschmilzt und beginnst, ins Engelreich zu blicken.

SECHSTDIMENSIONALE CHAKREN

Es gibt sieben sechstdimensionale Chakren, die in folgender Tabelle aufgeführt sind.

Chakra	Position	Farbe	Affirmation
23. Chakra	Basis	Silber-Rosa	ICH BIN verwurzelt in der Liebe.
24. Chakra	Sakral	Silber-Pfirsich	ICH BIN Liebe und Weisheit in vollkommener Harmonie.
25. Chakra	Solarplexus	Silber-Gold	ICH BIN kosmische Weisheit.
26. Chakra	Herz	Silber-Weiß	ICH BIN das kosmische Herz.
27. Chakra	Kehle	Silber-Blau	ICH BIN die Stimme des Universums.
28. Chakra	Drittes Auge	Silber-Flieder	ICH BIN eins mit dem Universum.
29. Chakra	Krone	Silber-Kristall	

SIEBTDIMENSIONALE CHAKREN

Es gibt sieben siebtdimensionale Chakren, wie folgende Tabelle zeigt.

Chakra	Position	Farbe	Affirmation
30. Chakra	Basis	Gold-Creme	Ich unterstütze.
31. Chakra	Sakral	Gold-Blassmagenta	Ich entfalte.
32. Chakra	Solarplexus	Gold-Blassrubin	Ich ermächtige.
33. Chakra	Herz	Gold-Weißviolett	Ich liebe.
34. Chakra	Kehle	Gold-Königsblau	Ich verfüge.
35. Chakra	Drittes Auge	Gold-Weißgold	Ich bezeuge.
36. Chakra	Krone	Gold-Kristall	

Das Entwickeln der höheren Chakren

Sobald du auf dem Pfad des Aufstiegs und mit deinem Höheren Selbst verschmolzen bist, kannst du damit beginnen, die sechst- und siebtdimensionalen Chakren im Ätherischen zu entwickeln. Das bedeutet, dass du sie visualisieren und auf ihr Licht kontemplieren kannst. Damit bereitest du dich auf ihre Energie vor.

Die höheren Farben dieser Chakren sind für das menschliche Auge noch nicht sichtbar. Sie können nur mit den inneren Augen gesehen werden.

In der sechsten Dimension fließt ein perlschimmerndes Silber durch die Chakren. Bis vor Kurzem war es nicht möglich, die Frequenzen der sechstdimensionalen Chakren zu tragen und gleichzeitig einen physischen Körper zu haben. Doch jene, die jetzt bereit sind, werden die höheren Chakren hereinbringen und dabei ihren physischen Körper behalten. Dies ist für die Zukunft auch für die Erde vorgesehen.

Auf der siebten Dimension strahlt ein perlschimmerndes Gold durch die Chakren. Die Menschheit ist dabei, in ihre angestammte Heimat in der siebten Dimension zurückzukehren. Wenn du diese Chakren hereinbringst, und sei es nur für einen kurzen Moment, so bringst du den Zeitpunkt der Heimkehr für alle Menschen etwas schneller herbei.

Alle Menschen sind wie Zahnräder miteinander verbunden. Dreht sich eins schneller, bringt es alle anderen schneller vorwärts. Die neuen Menschen jedoch, die jetzt hervortreten, werden fähig sein, frei über der Masse der Menschheit zu fließen. Andere werden dieses große Licht fühlen und dadurch selbst dazu ermutigt, auf eine höhere Stufe zu gehen.

15. Kapitel

Der höhere Zweck der Chakren

Jeweils ein Erzengel kümmert sich um die Entwicklung eines Chakras für die Menschheit. Die Erzengel fördern jedes Energiezentrum, damit es höherdimensionale Energie aufnehmen und tragen kann. Erzengel Gabriel kümmert sich um das Basis- und das Sakralzentrum, die einst zusammengehörten. Während der Evolution der Menschheit haben sie sich differenziert.

Chakra	**Erzengel**
Basischakra	Erzengel Gabriel
Sakralchakra	Erzengel Gabriel
Solarplexuschakra	Erzengel Uriel
Herzchakra	Erzengel Chamuel
Kehlchakra	Erzengel Michael
Stirnchakra (Drittes Auge)	Erzengel Raphael
Kronenchakra	Erzengel Jophiel
Sitz der Seele	Erzengel Zadkiel

Jedes Chakra steuert die Energie einer Drüse. Drüsen halten uns auf allen Ebenen gesund. Und sie haben eine wichtige spirituelle Funktion. Jede Drüse ist durch einen Erzengel mit einem großen, konzentrierten universalen Kraftzentrum verbunden, das eine hochfrequente spirituelle Energie ausstrahlt. Zum Beispiel ist die Drüse des Herzzentrums, der Thymus, mit dem kosmischen Herzen verbunden.

So wie wir mehr und mehr Zugang zu dieser höheren Energie bekommen, muss sich unser physisches, mentales, emotionales und spirituelles Leben verändern.

BASISCHAKRA – NEBENNIEREN

Die Nebennieren produzieren Adrenalin, das mit dem Kampf- oder Flucht-Mechanismus des Körpers zu tun hat. Sie helfen auch bei der Entgiftung. Außerdem unterstützen sie die Nieren, was man daran erkennt, dass wir Flüssigkeit im Körper festhalten, wenn wir unter Stress stehen.

Obwohl die Nebennieren oberhalb der Nieren liegen, stehen sie in Verbindung mit dem Basiszentrum. Sie sind die ersten Drüsen, die sich in einem Embryo bilden.

Das kosmische Basiszentrum strahlt die hochfrequente göttliche Energie der spirituellen Erleuchtung aus.

SAKRALZENTRUM – KEIMDRÜSEN (EIERSTÖCKE BZW. HODEN)

Diese Drüsen regulieren die Sexual- und Fortpflanzungsorgane. Die Hoden produzieren Samen und das Hormon Testosteron. Die Eierstöcke bilden jeden Monat ein Ovum (Ei) und produzieren Östrogen und Progesteron. Nach der Menopause reduziert sich die Produktion von Östrogen.

Das kosmische Sakralzentrum strahlt eine hochfrequente ausgleichende Energie aus und zieht uns schließlich in die Weisheit des Göttlichen Weiblichen hinein.

SOLARPLEXUS – BAUCHSPEICHELDRÜSE

Die Bauchspeicheldrüse hat mit Zucker und Ernährung zu tun. Sie bildet Insulin und Verdauungsenzyme. Auf einer anderen Ebene befähigt sie uns, emotionale und mentale Süße aufzunehmen. Unter allen Drüsen ist sie die erste, die Krankheit im Körper anzeigt.

Der kosmische Solarplexus strahlt große Macht und Weisheit aus.

Herzzentrum – Thymusdrüse

Die Thymusdrüse reguliert das Immunsystem. Diese Drüse ist bei Kindern überproportional groß und verantwortlich für das Wachstum. Wenn sie überstimuliert ist, resultiert das in Arthritis. Ist sie unteraktiv, sind wir anfällig für Krankheiten, die mit einer verringerten körperlichen Abwehr zu tun haben. AIDS und Krebs sind zwei extreme Beispiele.

Das kosmische Herzzentrum gibt den Herzschlag des Universums vor.

Kehlzentrum – Schilddrüse

Die Schilddrüse steuert den Stoffwechsel und die Produktion von Antikörpern. Ist sie überaktiv, treten die Augen hervor. Ist sie unteraktiv, verlieren wir vielleicht unsere Stimme oder haben eine müde, ledrige Haut. Die Nebenschilddrüse befähigt den Körper, Kalzium aufzunehmen. Sie reguliert den Kalziumspiegel des Körpers und hält unsere Knochen stark und gesund.

Das kosmische Kehlzentrum übermittelt die großen Eigenschaften von Macht und Führerschaft.

Drittes Auge – Hypophyse

Die Hypophyse ist die Leitdrüse, denn sie kontrolliert die Funktion aller anderen Drüsen. Sie kontrolliert auch die Produktion von Muttermilch und Urin. Sie ist die Drüse des ewigen Lebens. Wir sind so programmiert, dass die Hypophyse Alterungshormone abgibt. Es ist aber unsere Aufgabe, sie so umzuprogrammieren, dass sie verjüngende Hormone abgibt. Wenn das Stirnzentrum (das Dritte Auge) in Balance ist, sind wir auch in Balance. Es verschließt sich jedoch bei Stress. Der Hypothalamus, der zwischen Hypophyse und Zirbeldrüse liegt, reguliert die Hypophyse.

Das kosmische Dritte Auge strahlt das Licht der Meisterschaft aus.

Kronenzentrum – Zirbeldrüse

Die Zirbeldrüse absorbiert Licht und strahlt Licht ab. Sie hält uns in göttlichem Gleichgewicht. Die Zirbeldrüse produziert das Hormon Melatonin.

Das ungeheuer große kosmische Kronenzentrum gießt das Licht der Erleuchtung aus.

Übung – Visualisation, um die Drüsen zu energetisieren und zu harmonisieren:

1. Entspanne dich.
2. Rufe die Mahatma-Energie.
3. Fühle oder stell dir vor, wie ein golden-weißer Strahl aus dem Kosmos in dein Kronenchakra fließt. Bitte den Strahl, deine Zirbeldrüse zu entspannen, zu energetisieren und zu heilen. Du kannst dir die Drüse als kleine Kugel vorstellen oder wie immer du willst. Fühle, wie sie von der Mahatma-Energie geheilt und beruhigt wird.
4. Lass den Strahl nun in dein Drittes Auge fließen und die Hypophyse von der Mahatma-Energie durchflutet werden. Sage der Hypophyse, dass sie nur noch verjüngende Hormone aussenden soll, damit du gesund, vital und geistig offen bleiben kannst.
5. Bringe den Strahl in dein Halszentrum und fühle, wie die Schilddrüse von der Mahatma-Energie geheilt und beruhigt wird.
6. Wiederhole dies in deinem Herzzentrum mit der Thymusdrüse.
7. Wiederhole dies in deinem Solarplexus mit der Bauchspeicheldrüse.

8. Wiederhole dies in deinem Sakralzentrum mit den Keimdrüsen (Eierstöcke oder Hoden).
9. Wiederhole dies in deinem Basiszentrum mit den Nebennieren.
10. Lass die golden-weiße Mahatma-Energie nun durch deine Beine in die Erde fließen und sie mit spiritueller Energie anfüllen.
11. Sende sie jedem Menschen, der Hilfe braucht.
12. Schließe deine Chakren.

16. Kapitel

Lichtebenen

Je mehr Licht wir in unseren Zellen haben, umso näher sind wir dem Aufstieg.

Um die dritte Einweihung zu bestehen, müssen wir einen Lichtpegel von 50% haben. Dann verschmelzen wir mit unserer Seele oder Monade.

Für die vierte Einweihung werden 62% Licht benötigt. Damit verlassen wir das Rad der Wiedergeburt. Für die fünfte Einweihung brauchen wir 75% Licht. Für die sechste Einweihung und den Aufstieg brauchen wir 80–83% Licht. Um die siebte Einweihung zu bestehen und zu einem Aufgestiegenen Meister zu werden, brauchen wir 92% Licht. Dann wird es nicht mehr möglich sein, einen physischen Körper zu halten.

Ich habe Kumeka gefragt, was Aufstieg letztlich ausmacht. Er antwortete, dass wir vier Wochen lang ein bestimmtes Niveau an Licht halten können müssen. Währenddessen hätten wir unseren täglichen Anforderungen standzuhalten. Es hat also keinen Zweck, sich ins stille Kämmerlein zurückzuziehen und dort spirituelle Arbeit zu tun. Das wäre zu leicht.

Ich fand diese Lichtebenen ziemlich verwirrend. Kumeka erklärte mir, dass die oben angegebenen Prozentzahlen den Anteil an Licht angeben, solange man noch im Körper ist. Er erklärte, dass es vielleicht einfacher wäre zu sagen, dass man als Geistwesen 200% Licht erreichen kann. Wenn dein Lichtpegel z.B. 98% betrug, während du keinen Körper hattest, hättest du mit einem Körper die Hälfte, nämlich 49% Licht. Und um nachts in die spirituellen Dimensionen gehen zu können, brauche man 50% Licht.

Hicr zähle ich nun einige Dinge auf, die unseren Lichtpegel absenken: Klatsch, Gier, negatives Denken, fällige Entscheidungen nicht treffen, Faulheit, zu viel arbeiten, Verwirrung, am Schmerz festhalten, Verspannung, Wut, in einer hektischen Stadt leben, Armutsbewusstsein, Unfreundlichkeit. Versuche, bewusst so viel wie möglich davon aus deinem Leben zu entfernen.

Hier folgen nun einige Dinge, die unseren Lichtpegel erhöhen: Großzügigkeit, Fülle, Singen, Lachen, in der Natur sein, Gelassenheit, Liebe, Klarheit, Entspannung, von Herzen umarmen, Meditation, Freude, Entscheidungen, gut über andere Menschen denken. Versuche, bewusst so viele davon wie möglich in deinem täglichen Leben zu verwirklichen.

Wenn du dein Leben veränderst, bleibe im Gleichgewicht. Wenn du in einem dunklen Raum ein weißes Gewand trägst, erscheint das Gewand rein und sauber. Wenn du Licht darauf richtest, kommen die Flecken zum Vorschein. Je heller und intensiver der Lichtstrahl ist, desto mehr Flecken kommen zutage. Wenn du also viel an dir arbeitest, wird wahrscheinlich auch viel hochkommen. Dies heißt natürlich nicht, dass du ein schlechter Mensch bist, sondern nur, dass du mehr Licht in deiner Seele scheinen lässt.

Wenn wir unsere Schwingung erhöhen, kommt Unverarbeitetes an die Oberfläche und in unser Bewusstsein. Probleme aus der Kindheit, alte Muster, verleugnete Emotionen und Traumata aus früheren Leben kommen hoch, damit wir sie ansehen wie die Flecken auf dem Gewand.

Viele Menschen, die den Weg des Aufstiegs gehen, nehmen sich vor, alles Mögliche zu tun, um ihre Schwingung zu erhöhen. Dabei bedenken sie aber nicht, was eine abrupte Veränderung auslösen kann. Sie machen nicht nur alle Übungen aus diesem Buch, sondern sie stöbern auch in der Vergangenheit und ahnen gar nicht, was sie alles aufwühlen.

Einmal kam eine Frau zu mir, die kurz vor dem Zusammenbruch stand. Sie hatte sich ausschließlich ihrer Reinigung gewidmet. Sie hatte in kürzester Zeit die verschiedensten Dinge unternommen: Sie machte eine intensive Fastenzeit mit Darmreinigung, erhielt zweimal wöchentlich Reiki-Behandlungen, ging zum Rebirthing, zur Reinkarnations-Therapie und machte auch noch Körperarbeit. Sie meditierte täglich sehr lange, übte Yoga und sprach mit ihren Geistführern. Währenddessen las sie Dutzende Bücher über spirituelles Wachstum. Daraufhin war sie so überladen, dass sie nicht mehr mit den Dingen umgehen konnte, die hochkamen und sie bewegten. Sie musste eine lange Pause einlegen. Ein langer Weg ist einfacher in Ausgewogenheit zu bewältigen.

Wenn du dich auf eine höhere Bewusstseinsebene begibst, wandelt sich dein Karma. Deine Monade schickt dir nun Prüfungen für die Einweihung. Sie sollen jene Bereiche in dir stärken, die noch schwach sind. Es ist leicht, sich völlig entleert zu fühlen und zu glauben, dass man immer noch dem Gesetz des Karmas unterliegt. Falsch: Du wirst nicht bestraft.

Alle Herausforderungen und Schwierigkeiten sind entweder unerledigte Angelegenheiten, also Karma, oder eine Lektion, die du gründlich gelernt haben solltest, bevor du eine höhere Schwingungsebene erreichen kannst. Den Unterschied zwischen beiden kannst du herausfinden, wenn du in deinem Inneren nachspürst.

Um deinen Lichtpegel zu erhöhen und ein Meister zu werden, musst du bewusst all deine Emotionen, Gedanken, Gefühle, Worte und Handlungen erleben und überwachen. Wenn du dich selbst beobachtest, wie du auf Herausforderungen reagierst, bist du vielleicht überrascht, vielleicht sogar enttäuscht über dich. Die Prüfung wird jedenfalls nach einer Weile in veränderter Form zu dir zurückkehren. Dann kannst du mit einem neuen Bewusstsein und auf höherer Schwingungsebene ganz neu reagieren. Jedesmal, wenn dir das gelingt, erhöhst du deinen allgemeinen Lichtpegel und bist auf dem Weg zur Meisterschaft und zum Aufstieg.

Einmal hatte ich ein großes Stück innerer Arbeit bewältigt. Ich hatte alte Muster losgelassen, mich gereinigt und mit Kumekas Anleitung eine kurze Phase der physischen Entgiftung durchgemacht. Dann sagte er mir, dass ich nun einen alten Teil von mir ablegen und loslassen könnte. Ich möchte die innere Reise, auf die mich Kumeka mitgenommen hatte, gerne mit dir teilen. Sie stellte sich als kraftvolle Visualisation für mich heraus und vielleicht möchtest du sie auch für dich ausprobieren.

ÜBUNG – DEN SCHATTEN AUFLÖSEN:

1. Entspanne dich und mache es dir bequem.
2. Stell dir vor, wie du die Treppe zu einer prachtvollen Kathedrale hochsteigst. Es kann auch ein anderer heiliger Bau sein, der sich für dich gut anfühlt.
3. Sitze still und nimm die Atmosphäre und Energie dieses Ortes in dich auf.
4. Stell dir vor, wie du eine Kerze anzündest.
5. Lass den Schatten, den du bereit bist loszulassen, aus dir heraustreten.
6. Nimm diesen Schattenanteil deiner selbst und löse ihn in heiligem oder fließendem Wasser auf.
7. Fühle, wie du schimmerndes und strahlendes Licht bist.

17. Kapitel

Die Mahatma-Energie

Nach meinem Verständnis gibt es Energien bzw. ungeheure Wesenheiten im Universum, mit denen wir uns verbinden können, wenn wir wissen, wie. Viele Menschen haben sich z. B. in Reiki einweihen lassen, um sich wieder daran erinnern zu können, wie man sich auf diese wichtige Heilenergie einstimmen kann.

Eine weitere dieser bedeutenden Energien ist die Mahatma-Energie, auch unter dem Namen *Avatar der Synthese* bekannt. Es heißt, dass sie unseren Aufstieg tausendfach beschleunigt, wenn wir sie regelmäßig anrufen. Als ich zum ersten Mal von dieser Energie hörte, flammte in mir ein Funke der Begeisterung auf und ich wusste, dass sie für mich sehr wichtig sein würde. Es ist erstaunlich, wie man sein eigenes spirituelles Wachstum tausendfach beschleunigen kann.

Offensichtlich hat der Avatar der Synthese schon zu atlantischen Zeiten mit der Erde Kontakt aufgenommen und gesagt, dass er wiederkäme, wenn die Menschheit bereit sei, diese Energie zu empfangen. Während der Harmonischen Konvergenz* haben überall auf der Erde Menschen für Frieden und spirituelles Wachstum gebetet und meditiert. Daraufhin gab es eine Antwort von Gott, der dem Avatar der Synthese erlaubte, sich wieder mit uns zu verbinden.

---

* Zeitpunkt im August 1987, der die letzte Phase des Maya-Kalenders (der im Dezember 2012 enden wird) einleitete. Die Harmonische Konvergenz bezeichnet sozusagen den Anbruch eines neuen Zeitalters und die Feinabstimmung der Erde auf neu einströmende galaktische Informationen. (Anm. d. Ü.)

Die Mahatma-Energie ist ein Gruppenbewusstsein, das von den zwölf Strahlen und einer Anzahl ungeheuer machtvoller Wesen unterstützt wurde, um einen Pool von Energie zu erschaffen, zu dem die Menschheit nun Zugang hat. Mahatma, wie auch Gandhi von seinen Verehrern genannt wurde, heißt »große Seele«. Diese Energie steht jedem ohne Ausnahme zur Verfügung. Das heißt, dass sie auch dir zur Verfügung steht, wenn du über sie meditieren und sie anrufen willst.

Gemäß den spirituellen Gesetzen musst du diese Energie einladen, genau wie jede andere Hilfe, die du haben möchtest.

■ *Die Mahatma-Energie ist die höchste Energieform überhaupt, die uns auf der Erde zur Verfügung steht.*

Trotz ihrer großen Macht kann uns die Mahatma-Energie nicht verbrennen, da sie durch große Wesenheiten, unsere Monade und unsere Seele für den inkarnierten Aspekt unseres Wesens heruntertransformiert wird. Es ist wie ein kosmisches Elektrizitätswerk und die ungeheure Voltzahl, die uns töten würde, wenn wir sie direkt anfassten, wird durch Unterstationen geleitet, bevor sie uns mit stark verringerter Voltzahl erreicht.

Die Mahatma-Energie ist ein Verbindungsglied zwischen uns und der Gottheit. Viele Menschen glauben, dass sie sich direkt mit der Quelle verbinden können, und diese Möglichkeit besteht in der Tat für jeden. Leider ist es jedoch so, dass laut Kumeka nur eine Handvoll Menschen sich wirklich mit der Quelle verbindet. Die meisten Menschen, die dies dennoch behaupten, verbinden sich mit einem Erzengel oder ihrer Monade.

Zwischen der inkarnierten Persönlichkeit und der Seele liegen mehrere Stufen oder Einweihungen. Bis zur Monade liegen noch mehr Stufen und bis zu Gott sogar mehrere hundert. Die Mahatma-Energie baut uns eine Lichtbrücke, die Antakarana, die zur Quelle führt. Zum ersten Mal haben wir hochfrequente kosmische Hilfe, um unsere Antakarana bis zum letztendlichen Ziel aufzubauen.

Durch ihre hohe Frequenz hilft uns die Mahatma-Energie, unsere eigene Frequenz auf die des Lichts zu erhöhen, was unseren Aufstiegsprozess unterstützt.

Die Farbe der Mahatma-Energie ist golden-weiß, ein Zeichen, dass es sich um eine sehr feine und hoch schwingende Energie handelt. Wenn wir sie herbeirufen, fließt sie durch unsere feinstofflichen und unseren physischen Körper. Mit anderen Worten, sie fließt durch unsere Aura in den Körper und dann in die Erde. Sie schwingt sanft in unserem System, bis unsere eigene Energie feiner wird und verhärtete und kristallisierte Gedankenformen und Emotionen aufbrechen.

Die Mahatma-Energie ist die effektivste Art, unsere Drüsen auszugleichen und neu zu energetisieren. Unsere Drüsen halten uns jung und sexuell lebendig und unser Immunsystem und den Stoffwechsel gesund. Die Hypophyse produziert Hormone, die uns jung erhalten oder – wenn wir den Glaubenssatz des kollektiven Unbewussten annehmen – uns altern lassen. Wenn wir die Mahatma-Energie bitten, unsere Hypophyse auszugleichen und neu zu energetisieren, ist es wichtig, die Drüse auch darum zu bitten, lebendige und verjüngende Hormone zu produzieren und keine Todeshormone mehr auszustoßen (siehe Kapitel 15).

Je mehr wir als inkarnierte Seelen die Mahatma-Energie herholen, umso lichter wird die Erde. Die golden-weiße Schwingung fließt durch uns, um den Planeten zu heilen und zu vergeistigen. Wenn wir uns an diese Energie anschließen, nutzen wir unsere Macht und beschleunigen den Aufstieg der Erde. Je mehr Menschen vom Avatar der Synthese wissen und ihn anrufen, umso schneller wird sich das Bewusstsein aller Menschen erweitern.

Vielen habe ich bereits von dieser erstaunlichen Energie erzählt und ich habe auch schon Hunderte von Meditationen durchgeführt, mit denen man sich an die Mahatma-Energie anschließen kann. Viele Menschen machten eine ähnliche Erfahrung wie ich, als ich sie zum ersten Mal gerufen hatte. Ich fühlte mich vollständig entflammt. Manchmal empfinde ich sie auch als sehr sanft, wie das Fließen elektrischen Stroms. Jedoch ist sie immer sehr kraftvoll.

Man kann die Mahatma-Energie bis zu dreimal täglich anrufen. Diese unglaubliche Energie hilft uns, unseren Lichtkörper schneller, kraftvoller und besser zu erschaffen, als es jemals zuvor möglich gewesen wäre. Da die Mahatma-Energie von so hoher Frequenz ist, wird aus unserem Lichtkörper ein kosmischer oder monadischer Körper.

Wir können die Mahatma-Energie auch bitten, uns bei persönlichen Problemen zu helfen. Sie kann im Geiste auf alles gerichtet werden, was einer Lösung und Klärung bedarf, und wir können sie anderen Menschen zur Heilung schicken.

Über Meditationen, Visualisationen und mit Affirmationen kannst du dir Zugang zur Mahatma-Energie verschaffen. Nutze sie für dich und erzähle auch anderen Menschen davon!

Hier zeige ich dir einen einfachen Weg, wie du mit der Mahatma-Energie arbeiten kannst: »Ich rufe die Mahatma-Energie, damit sie durch meinen Körper und meine Aura in die Erde fließt und ich mein Leben dem Dienst am Göttlichen widmen kann.« Visualisiere die Energie als golden-weißen Strahl, der durch dich fließt und dich umgibt. Richte die Energie nun auf das Thema, das du bearbeiten willst.

Joshua David Stone schreibt in seinem Buch *The Ascension Manual*, dass seit der Harmonischen Konvergenz die Mahatma-Energie fließt und es Menschen damit möglich sei, innerhalb eines Lebens von einem Eingeweihten zweiten Grades zu einem galaktischen Avatar aufzusteigen.

Er schlägt vor, mit einer Anrufung, die er von Vywamus empfangen hat, in die Mahatma-Energie einzutreten: »Ich entscheide mich dafür, die Mahatma-Energie nun anzunehmen und herbeizurufen, damit sie meine Energiematrix durchdringt und mein Göttliches Selbst voll erstrahlen lässt, damit es jetzt den Dienst an Allem-Was-Ist tun kann.«

18. Kapitel

Reiki und Geistheilung

Wenn du dich an die göttliche Energie anschließt, die im Universum frei fließt, kannst du sie zur Heilung physischer, mentaler, emotionaler und geistiger Blockaden verwenden. Wer sich auf sie einstimmen kann, kann sie auch zu anderen Menschen, Tieren, Pflanzen und sogar in Situationen hinein schicken. Es ist auch möglich, diese Energie durch die Zeit zu senden und die Vergangenheit zu heilen oder die Zukunft zu stärken.

Diese Energie nennt sich Reiki und auf der Erde findet gerade eine Wiedererweckung des Bewusstseins ihrer Kraft statt. Immer mehr Menschen lassen sich auf sie einstimmen, um sie empfangen zu können. Einige besitzen die natürliche Begabung dazu. Es ist kein Zufall, dass diese Energie uns jetzt wieder zur Verfügung gestellt wird.

Rei bedeutet universal. Damit ist das höhere spirituelle Bewusstsein gemeint, die allwissende und allgegenwärtige Kraft Gottes, die die Quelle eines Problems erreichen kann. Sie bringt Harmonie zurück und erfüllt uns mit Licht. Dabei erhöht sie unsere Schwingung.

Ki oder *Chi* auf Chinesisch, *Prana* in Sanskrit oder auch *Mana* oder *Goldenes fließendes Licht* ist die göttliche Energie, die durch alle lebendigen Dinge fließt. Diese Energie ist ein Geschenk Gottes, das schon in atlantischen Zeiten verfügbar war. Den Priestern waren die Symbole bekannt, mit denen man sich an die Energie anschließen konnte, und viele von ihnen sind auch heute wieder inkarniert. Die Reiki-Energie wurde von tibetischen buddhistischen Mönchen Jahrtausende verwendet und dann von Mikao Usui im 19. Jahrhundert wiederentdeckt.

Sofern man nicht mit der Einstimmung in die Reiki-Energie geboren wurde oder den Anschluss an sie spontan gefunden hat, ist ein Reiki-Meister nötig, der einen an die richtige Frequenz anschließt. Es ist so, als wären wir ein Fernsehgerät, das von einem Experten eingestellt wird, um einen bestimmten Sender empfangen zu können.

Während einer Reiki-Einweihung werden sowohl der physische als auch der ätherische Körper auf eine höhere Frequenz eingestellt. Dies schafft der hochfrequenten Reiki-Energie einen Kanal, durch den sie fließen kann. Jedesmal, wenn sich ein Reiki-Heiler an diese Kraftquelle anschließt, fließt die Energie. Dabei fließt die Energie dann zu dem Menschen oder der Situation, zu der sie geleitet wird, und reinigt gleichzeitig den Kanal des Heilers.

Natürlich bewirkt Geistheilung das Gleiche, doch ist der Vorgang und die Frequenz anders. Bei Reiki wird der Eingeweihte auf Symbole eingestimmt, die der Meister ihm in das Kronenchakra, das Herzchakra und die Handchakren legt. Bei einem späteren Grad der Einweihung bekommt der Eingeweihte zusätzliche Symbole, mit denen ihm tiefere Ebenen der Energie zugänglich werden. Die Schlüssel, mit denen man sich an diese Kraftquelle anschließt, sind also bestimmte Symbole.

Reiki-Energie fließt durch violettes Licht zu uns. Violett ist die höchste Frequenz, die für das Auge noch sichtbar ist. Es ist der Strahl der Reinigung.

Eine meiner Klientinnen war verärgert, dass einige ihrer Freunde Reiki-Meister geworden waren, ohne Wissen über Heiltechniken zu besitzen oder Demut gegenüber dieser großartigen Heilkraft zu empfinden.

Ich befragte Kumeka dazu. Er sagte, dass einige der Menschen, die mit Reiki arbeiteten, »Techniker« wären, während andere »wahre Heiler« seien. Die Techniker würden Klienten anziehen, die eben von einem Techniker in Reiki eingeweiht werden müssten. Die Menschen, die Heiler werden sollten, würden wahre Reiki-Heiler brauchen. Dies ist logisch, denn alles folgt den spirituellen Gesetzen und Gleiches zieht Gleiches an.

Kumeka fügte noch hinzu, dass die wahren Heiler wesentlich kraftvoller seien. Man kann sich leicht vorstellen, dass ein Techniker, der einen Fernsehsender einstellen will, sich an die Anleitung hält. Tu jetzt dies, dann drehe hier und es wird funktionieren. Eine Person, die sich wirklich darum kümmert, dass der Fernseher auch funktioniert, nimmt sich Zeit, fürchtet sich nicht vor Problemen und wendet generell die eigene Intuition an. Sie tut ihre Arbeit im Sinne einer Verpflichtung, alles dafür zu tun, dass die Einstimmung und die Verbindung so vollkommen wie möglich sind.

Wie es mit allen Dingen ist, sollte man auch bei der Wahl eines Reiki-Lehrers seiner Intuition folgen. Selbst wenn du nur eine Reiki-Behandlung empfangen möchtest, folge ebenfalls deiner Intuition, um den richtigen Heiler für dich zu finden.

Reiki hat sich, wie alle spirituellen Dinge, über die Jahrhunderte erweitert und neue Symbole wurden übermittelt. Es ist sehr wichtig, die Reinheit der Heilschwingung und die höchste Absicht aufrechtzuerhalten, wenn man sich an die Energie anschließt.

Ein wahrer Heiler überträgt die Reiki-Energie mit Liebe und Mitgefühl, leitet die Energie nur dem zu, was rein ist und dem höchsten Wohl dient. Dabei benutzt der Heiler Visualisationen, um die Kraft zu fokussieren.

Als ich eines Morgens, kurz nach dem Erwerb des zweiten Reiki-Grades, mein Morgen-Yoga machte, fühlte ich einen Bewusstseinsstrom in meinen Kopf einfließen. Eine Stimme sagte: *»Ich bin Dr. Usui. Es ist für jeden heute sehr wichtig, seine Frequenz zu erhöhen. Die Einstimmung in Reiki ist eine Möglichkeit, dies zu tun. Sei dir darüber klar, dass sich viele Menschen unbewusst an ihre früheren Leben als Reiki-Heiler erinnern und sich heute von Reiki angezogen fühlen. Die Menschen diskutieren darüber, ob es richtig ist, nur Heiler in Reiki einzuweihen oder auch Techniker. Doch Reiki ist allen Menschen nützlich. Es gibt Zeiten, in denen man einen Techniker braucht. Wisse, dass Sai Baba, der*

Kosmische Christus und viele andere bei dieser Arbeit mithelfen. Wisse, dass auch besonders befähigte Reiki-Engel mithelfen. Reiki ist ein wichtiges Werkzeug zur Erhöhung des Bewusstseins.«

Die Stimme und diese Informationen kamen so unerwartet, dass ich völlig verblüfft war. Doch ich gebe die Aussage hier so genau wie möglich wieder.

Wie alle spirituellen Energien reinigt die Reiki-Energie den physischen Körper ebenso wie mentale und emotionale Glaubenssätze. Sie verfeinert alte, verfestigte Glaubenssätze so, dass strenge Verhaltensmuster und Einstellungen aufgelöst werden. Die Symbole arbeiten am Unbewussten, um negative Einstellungen aufzulösen.

Heilung mit Reiki geschieht über das Höhere Selbst der Person, die die Behandlung bekommt.

Die neuere Geschichte von Reiki

Dr. Mikao Usui wurde Mitte des 19. Jahrhunderts in Japan geboren. Ihn hatte das Bestreben Buddhas, anderen zu helfen, sehr beeindruckt. Er erfuhr, dass Buddha auch Krankheiten geheilt haben soll. Buddhas Jünger konnten sich diese Heilfähigkeiten ebenfalls aneignen, wenn sie eine bestimmte Technik erlernten. Dr. Usui begab sich auf die Suche, um mehr über Heilung zu erfahren.

In den buddhistischen Tempeln in Japan sagte man ihm jedesmal, dass die spirituelle Seite wichtiger sei als die physische und dass die Fähigkeit, den Körper zu heilen, erlangt werden könne, wenn wir uns auf die Heilung des Geistes konzentrieren.

Dr. Usui freundete sich mit dem Abt eines buddhistischen Klosters an und begann, die alten Schriften, die Sutren, zu studieren. Er lernte Chinesisch, um sie in ihrer Originalsprache lesen zu können. Danach lernte er Sanskrit, um jene Schriften studieren zu können, die niemals übersetzt worden waren.

Das ist Hingabe. In den tibetischen Sutren, die in Sanskrit abgefasst waren, fand er eine Formel, mit der man mit der höheren Kraft in Kontakt kommen konnte, mit der auch Buddha gearbeitet hatte.

Am Ende seiner siebenjährigen Suche besaß Dr. Usui zwar die Informationen, aber nicht die Fähigkeit zu heilen. Er entschloss sich, auf den Berg Kori-yama zu gehen, um einundzwanzig Tage zu fasten und zu meditieren. Am einundzwanzigsten Tag sah er einen Lichtstrahl auf sich zuschießen. Er fürchtete, getroffen und getötet zu werden, und entschied dennoch, dass die Heilfähigkeit ihm das Risiko wert sei. Der Strahl traf ihn an der Stirn und Dr. Usui wurde bewusstlos.

Er verließ seinen Körper und sah Lichtkugeln aufsteigen, die Symbole enthielten. So erlangte er die Einstimmung auf die Reiki-Energie und das Wissen über die Symbole. Er wurde in Reiki eingeweiht.

Als er den Berg verließ, stieß er sich den großen Zeh an. Er legte seine Hände darauf und nach einigen Minuten hörte die Blutung auf und der Schmerz verging. Am Fuße des Berges besuchte er ein Gasthaus, denn er wollte zum ersten Mal seit einundzwanzig Tagen wieder essen. Obwohl ihn der Gastwirt warnte, nach so langer Zeit nicht zu viel zu essen, nahm Dr. Usui eine normale Portion zu sich und vertrug sie problemlos. Die Tochter des Gastwirtes hatte solche Zahnschmerzen, dass ihr Gesicht geschwollen war. Dr. Usui heilte sie mit der Reiki-Energie.

Dr. Usui verbrachte danach sieben Jahre in einem Armenviertel in Kyoto, um die Kranken zu heilen. Als sie gesund waren, verschaffte er ihnen Arbeit. Doch viele kamen zurück und sagten, es sei einfacher zu betteln als zu arbeiten. Dr. Usui wurde klar, dass er eher ein Retter war als ein Heiler. Er verließ die Armen, um nach denen zu suchen, die wirklich geheilt werden wollten. Als er wahre Suchende fand, lehrte er sie, sich selbst, ihre Leben und ihre Gedanken zu heilen, und er lehrte sie die Prinzipien des Reiki.

Dr. Usui gab sechzehn Menschen die Einstimmung in den

Meistergrad. Darunter war auch Dr. Chujiro Hayashi, ein pensionierter Offizier. Er wurde beauftragt, nach Dr. Usuis Tod die Essenz von Reiki rein und intakt zu halten. Dr. Hayashi eröffnete eine Reiki-Klinik und entwickelte die Handpositionen, die drei Grade sowie die Einweihungsrituale. Um Reiki zu erhalten, gab Dr. Hayashi sein komplettes Wissen darüber an Hawayo Takata weiter.

Hawayo Takata war die Tochter japanischer Einwanderer auf Hawaii. Sie kam nach Japan, um sich wegen eines Tumors behandeln zu lassen. Als sie bereits auf dem Operationstisch lag, vernahm sie eine Stimme, die ihr sagte, dass die Operation nicht nötig sei. Sie bestand darauf, dass die Operation abgebrochen wurde, und ging in die Klinik von Dr. Hayashi. Vier Monate später war sie völlig geheilt und bat darum, Reiki erlernen zu können. So blieb sie noch ein Jahr bei Dr. Hayashi und kehrte dann nach Hawaii zurück.

Dort besuchte er sie und half ihr dabei, Reiki in Hawaii zu etablieren. Dr. Hayashi weihte Hawayo Takata als seine dreizehnte und letzte Meisterin ein. Sie brachte Reiki nach Amerika. Da sie aber feststellen musste, dass die japanische Art, sich mit Respekt einem Meister hinzugeben, für die westliche Welt nicht geeignet war, beschloss sie, für die Meistereinweihung eine große Summe Geld zu verlangen. Dadurch sollte eine Wertschätzung für Reiki erreicht werden. Sie weihte zweiundzwanzig Reikimeister ein. Darunter war auch ihre Enkelin Phyllis Furumoto, die ihr als Großmeisterin folgte, die sie auch heute noch ist. Dr. Hayashi und Hawayo Takata haben das ursprüngliche System erweitert, um den Fortschritt zu sichern.

Dr. Mikao Usui lebte nach diesen Prinzipien:

- Gerade heute sorge dich nicht.
- Gerade heute ärgere dich nicht.
- Ehre deine Eltern, Lehrer und die Älteren.
- Verdiene dein Brot ehrlich.
- Empfinde Dankbarkeit für alles Lebendige.

Geistheilung

Wenn sich unser Herzzentrum öffnet, fühlen wir das Verlangen, andere zu heilen. Wir erhöhen unser Bewusstsein und lernen, wie wir uns der Quelle öffnen können, um Heilenergie zu kanalisieren. Wir gehen durch einen Prozess, in dem wir nach und nach unsere Kanäle reinigen, damit die Heilenergie stärker und klarer durch uns fließen kann. Durch unser Chakren-System transformieren wir die Energie so herunter, dass sie für das Wesen, das wir heilen wollen, passend ist.

Die Schwingung von Heilenergie unterscheidet sich offensichtlich von der Schwingung der Reiki-Energie. Einige Menschen werden sich von Geistheilern angezogen fühlen, andere von Reiki-Heilern. Beides hat seine Gültigkeit. Jeder zieht das in seinem Leben an, was für ihn richtig ist. Heutzutage gibt es sehr viele Möglichkeiten.

Viele Geistheiler arbeiten in der Aura. In diesem Fall kann die Heilung auf spiritueller, mentaler, emotionaler und physischer Ebene greifen. Heilung durch Handauflegen hilft eher nur dem physischen Körper.

Heilung mit Engeln

Wenn du Engel anrufst, damit sie durch dich heilen, werden erstaunliche Dinge passieren. Sie erheben das Bewusstsein des Heilers und des Patienten zu Gott.

19. Kapitel

Weckrufe

Marji hatte ein konventionelles Leben geführt. Sie war mit einem einfachen Mann verheiratet, der sie kontrollierte, und hatte drei erwachsene Kinder. Sie arbeitete als Physiotherapeutin in einem Krankenhaus, und da sie kein spirituelles Verständnis besaß, behandelte sie die Körper so mechanisch wie Autos. So hatte sich Langeweile in ihr Leben geschlichen.

Sie hatte einfach noch keinen Kontakt mit ihrem Geist und auch von Geistheilung noch nie gehört. Wenn es aber Zeit ist aufzuwachen, finden die geistigen Kräfte einen Weg, unsere Aufmerksamkeit zu erregen. Und dann, im Jahre 1991, erlebte Marji ein schicksalhaftes Wochenende.

Ihr Mann war mit ihrem Sohn ins Wochenendhaus gefahren. Als sie von der Arbeit nach Hause kam, bemerkte Marji, dass in ihr Haus eingebrochen worden war. Es war regelrecht verwüstet worden. Völlig schockiert rief sie zuerst ihre Tochter und dann die Polizei an. Sie fühlte, dass sie auch ihrem Mann dringend Bescheid geben musste, wollte es ihm aber nicht am Telefon sagen. Sie setzte sich mit ihrer Tochter ins Auto und fuhr zum Ferienhaus.

Dort erlebte sie einen weiteren Schock. Noch bevor sie irgendein Wort sagen konnte, schrie ihr Mann sie an, dass sie seine Privatsphäre stören würde. Er fragte nicht einmal, warum sie überhaupt gekommen war. So fuhr sie mit ihrer Tochter wieder ab, ohne etwas von dem Einbruch zu erzählen.

Am nächsten Tag war sie ziemlich verzweifelt. Sie ging mit ihrer Tochter in Glastonbury spazieren. Über der Stadt hing eine große schwarze Wolke. Ihr Blick fiel auf ein Schild, auf dem *Geistheilung* zu lesen war. Normalerweise hätte sie sich darüber lustig gemacht, doch zu ihrer eigenen Überraschung drückte sie ihrer Tochter die Einkaufstüten in die Hand und sagte: »Ich werde mir jetzt eine Heilung geben lassen.« Die Tochter war perplex. »Mutter, das geht doch nicht.« Doch Marji drehte sich herum und ging geradewegs in das Gebäude hinein.

Das Schicksal hatte es so vorbereitet, dass der 16-Uhr-Termin noch frei war, und schon saß sie vor einem Mann, zu dem sie gleich Vertrauen fasste. Sie spürte die Ruhe und den Frieden, die er ausstrahlte, und entspannte sich völlig. Dann erzählte sie ihm, was passiert war, und dass sie ihrem Mann noch nichts von der Verwüstung ihres Hauses gesagt hatte.

Der Heiler nahm ihre Hände in die seinen und schaute ihr in die Augen. Sofort hatte sie die fantastischsten Empfindungen. Ein unbeschreiblicher Lichtschauer strömte aus ihm heraus und hüllte sie beide ein. Sie erzählte: »Wir waren im Zentrum des Lichts, das uns umfloss. Es fühlte sich wie absolutes Mitgefühl an und ich verlor jedes Zeitgefühl.«

Marji verließ die Praxis und war zutiefst erschüttert. Wie unter Zwang kaufte sie sich eine Bibel, die sie, neben anderen spirituellen Büchern, zu lesen begann. Von diesem Moment an las sie keine Zeitungen mehr und schaute auch nicht mehr fern. Sie fühlte, dass sie sich in eine völlig andere Welt begeben hatte, und dachte auch immer an dieses wundervolle Erlebnis. Sie erinnerte sich ständig daran, wie es war, von diesem Licht umgeben zu sein.

Irgendwann erzählte sie ihrem Mann von diesem Licht. Er sagte, sie wäre hypnotisiert worden und müsse nun endlich aus dieser Suggestion aufwachen! Voller Verzweiflung wandte sie sich an den örtlichen Pfarrer. Der hatte allerdings keine Zeit für sie und riet ihr, zu einem Psychiater zu gehen! Dies tat sie jedoch nicht, sondern zog sich zurück, um noch mehr Bücher zu lesen.

Nach der Lichterfahrung verdoppelte sich rasch die Patientenzahl in der Praxis für Physiotherapie, in der Marji arbeitete.

Die Patienten wollten aber alle nur noch von ihr behandelt werden, da sie Licht und Heilkräfte ausstrahlte.

Ein Jahr später besuchte sie ihren Bruder, der Atheist war und im Ausland lebte. Sie hatte sich so verändert, dass ihr Bruder wissen wollte, was geschehen sei. Sie erzählte ihm, dass sie am 29. Oktober 1991 ein spirituelles Erlebnis gehabt hatte. Doch wie sie schon geahnt hatte, endete hier die Unterhaltung abrupt. Zu ihrer Überraschung kam am nächsten Tag ihr Bruder wieder auf sie zu und bat: »Ich würde gerne wissen, was genau passiert ist.« Sie erzählte ihm die ganze Geschichte und wie sie von dem Licht umhüllt war.

Dann begann er zu erzählen. An genau demselben Tag hatte er mit einer Waffe auf seinem Bett gesessen, um sich umzubringen. Um vier Uhr nachmittags musste er jedoch spontan an Marjis Kinder denken und wie furchtbar es für sie sein würde. Er legte in dem Moment seine Waffe weg, als Marji ihr spirituelles Erlebnis hatte.

Diese unglaubliche Geschichte ist damit aber noch nicht zu Ende. Ein paar Wochen später traf Marji ihren Seelengefährten. Es war ein sehr bodenständiger Handwerker, der keinerlei spirituelle Erfahrungen hatte. Sie verliebten sich Hals über Kopf ineinander und begannen heimlich eine leidenschaftliche Affäre. Er erzählte ihr, dass etwas Merkwürdiges geschehen war, als sie sich zum ersten Mal begegneten. Hinter Marji hätte eine strahlende Frau gestanden, die sie in seine Richtung geschubst hätte.

Sie liebten sich vier Jahre. Es war eine Zeit der Freude und Leidenschaft. Marji blühte auf als Frau. Doch dann lag er plötzlich sterbend in ihren Armen und sie versank in absolute Trauer und Verzweiflung.

Da sie noch immer verheiratet war, konnte sie mit niemandem darüber sprechen. So fuhr sie für eine Woche in Urlaub. Verzweifelt und in tiefer Trauer lief sie eines Abends durch eine dunkle und einsame Straße. Plötzlich sah sie ein Licht und gleich darauf war die ganze Straße hell erleuchtet. Sie stand allein in diesem Licht und dachte: »Es gibt ein Leben nach dem Tod.«

Als das Licht verschwunden war, fühlte sie sich wunderbarerweise viel leichter. Zum ersten Mal in ihrem Leben ging sie allein in eine Kneipe. Ein Mann, der an der Bar saß, sagte ihr, dass er sein Leben lang Atheist gewesen sei. Als er sie jedoch zur Tür hereinkommen sah, hätte er das Gefühl gehabt, Gott wäre eingetreten. Sie tauschten ihre Adressen aus und er schrieb ihr oft Briefe, in denen er erzählte, wie er Gott in allen Dingen wahrnahm.

Das Göttliche Licht kann uns aus den dunkelsten Gefängnissen befreien.

In Griechenland unterhielt ich mich mit einem Mann, der Ende dreißig war. Sofort fühlte ich, dass er große Weisheit besaß, und vermutete, er sei ein Eingeweihter. Es stellte sich heraus, dass er trotz seiner Weisheit Drogen nahm, die ihn für die dunkle Seite geöffnet hatten. Dies ist die Geschichte, die Simon mir erzählte:

»Ich hatte einen Freund namens Dick. Wir kannten uns aus unserer Hippiezeit und er war immer der strahlende Mittelpunkt aller Parties. Ich vermutete, er hätte es geschafft und wäre glücklich. Doch eines Abends war ich auf dem Weg nach Hause. Es war bereits dunkel. Da sah ich jemanden, der auf einer Mauer saß und furchtbar weinte. Es war Dick. Er sagte mir, dass er einsam und unglücklich sei, und ich tröstete ihn. Doch ich konnte kaum glauben, dass es der Dick war, den ich kannte.

Die folgende Zeit war ich meistens auf Reisen. Dabei fühlte ich mich verloren und miserabel und war die meiste Zeit stoned*. Ich ließ mich in einem Hexenkonvent nieder, in dem ich einige Zeit verbrachte. Die Mitglieder des Konvents wendeten wahllos alle möglichen Energien an. Mein Leben wurde zu einem fürchterlichen Albtraum. Nach einem besonders scheuß-

---

* Engl. Slangausdruck für »berauscht«

lichen Erlebnis machte ich mich auf und davon und fuhr Richtung Süden.

Einmal stand ich vor einem Nachtklub und es war, als wäre eine Macht in mich eingedrungen, die mich in das Lokal zog. Als ich drinnen war, sah ich, dass eine der Hexen da saß. Ich versuchte, sie zu ignorieren, doch ihre Macht war zu stark. Ich wurde zurück in den Konvent, zurück in die Hölle gezogen. Es gab dort überhaupt keine Liebe. In dieser Hölle blieb ich für zwei Jahre.

Eines Tages traf ich Dick wieder und wir tranken eine Tasse Kaffee. Er war mittlerweile zum Quäker* geworden und bemerkte, dass ich in einer tiefen Notlage war. Er sagte: ›Du musst immer daran denken, dass die Liebe die Krönung des Mokshas ist.‹

Ich fragte: ›Was ist Moksha?‹

Er sagte: ›Das ist der spirituelle Weg.‹

Dann spürte ich einen Schmerz, als würde mir eine Axt den Kopf zerteilen. Es schmerzte so sehr, dass ich dachte, ich müsse sterben. Ich sagte ihm, was ich fühlte, und schrie: ›Was ist nur los?‹

Er lachte und antwortete: ›Das ist die Liebe, du Idiot.‹

Ich war zwar schockiert, doch konnte ich nach sieben Jahren endlich die Hölle verlassen. Ich fühlte mich friedvoll und glücklich.

Trotzdem fing ich nach ein paar Monaten wieder mit den Drogen an. Am nächsten Tag hörte ich eine Stimme, die von nirgendwo zu kommen schien, zu mir sagen: ›So hoch, wie du gestiegen bist, so tief wirst du jetzt fallen.‹ Und ich stürzte wieder in die Hölle. Zwei Jahre später ging es mir immer noch furchtbar schlecht. Eines Nachts hatte ich eine Nahtoderfahrung. Mein Schutzengel stand vor mir und sagte: ›Nun bist du hier. Möchtest du bleiben oder möchtest du wieder zurück? Wenn du zurückgehst, wird es nicht einfach sein.‹

---

* Christliche Glaubensgemeinschaft mit humanitärer und spiritueller Ausrichtung (Anm. d. Ü.)

Trotzdem entschied ich mich, weiterzuleben und mich durch die Dunkelheit hindurchzuarbeiten. Und ich kann Ihnen sagen, dass es nicht einfach war.«

Eingeweihte, die der Versuchung nachgeben, müssen tiefer in die Materie (die Hölle) steigen als Menschen, die niemals danach gestrebt haben, den spirituellen Weg zu gehen. Auf dieser Weisheit basieren auch die Worte, die Simon gehört hatte: »So hoch, wie du gestiegen bist, so tief wirst du jetzt fallen.«

Jedenfalls arbeiteten wir unter dem blauen Himmel Griechenlands daran, ihn aus dem schwarzen Konvent zu befreien. Außerdem lösten wir einige dunkle Energieformen in ihm auf. Es gab noch so viel, was hätte getan werden müssen. Wenn Simon wieder anfangen wird, Drogen zu nehmen, wird er, wie ich annehme, wieder in seine eigene Hölle gehen müssen. Doch wenn er sauber bleibt und den Weg des Lichts geht, den er so gut aus früheren Leben kennt, könnte er sich selbst und vielen anderen Menschen helfen.

Drogen sind nicht Teil des Aufstiegsweges. In den antiken Mysterienschulen bekamen zwar die Schüler ab und zu Drogen, umso höhere Ebenen zu erfahren, doch dies geschah nur in sehr kontrolliertem Rahmen und nur über Gebete, Rituale und Zeremonien, die ihren Geist nach oben lenkten. Es ging darum, ihnen die sprichwörtliche »Karotte vor die Nase zu halten« als Lockmittel, um ihnen die Belohnung für die Meditation nahezubringen. Drogen dürfen niemals als eine Abkürzung zu Gott angesehen werden.

Der wahllose Gebrauch von Drogen kann den Geist in die Astralwelt oder sogar in die niedere Astralwelt projizieren. Diese Ebenen sind die Heimat der dunklen Gefühle und Gedankenformen, mit anderen Worten: die Heimat der Hölle.

Die Jünger aus früheren Zeiten inkarnieren sich jetzt wieder und erinnern sich dunkel daran, dass Drogen auf einfache Weise göttliche Visionen hervorrufen. Doch sie besitzen nur einen Teil der Formel und verfehlen oft den Weg. Stattdessen wandern sie in die Hölle.

Offensichtlich erscheinen Engel, wenn wir bereit dafür sind. Einmal bekam ich einen Brief von einer Frau, die zu ihrem Freund ins Ausland zog. Leider lief das Ganze nicht so gut, da sich die Mutter ihres Freundes ständig in die Beziehung einmischte. Außerdem vermisste die Frau ihre eigene Mutter. So ging es mit der Partnerschaft bergab.

Eines Abends kam sie müde nach Hause und gab ihrem Freund eine Shiatsu-Behandlung. Während sie mit ihm arbeitete, schlief er ein. Plötzlich sah sie drei Engel hinter sich stehen, die sie anleiteten, wo sie ihren Freund berühren solle. Sie sagten: »Vergiss nicht das Licht, das du trägst, und wer du bist.«

Sie beendete die Behandlung und setzte sich aufs Sofa. Sie war verwirrt. Dann erklärten ihr die Engel, dass sie und ihre Mutter Seelengefährten seien und aus derselben Seelengruppe stammten. Deshalb vermisste sie ihre Mutter so sehr. Von diesem Moment an verschwand die Leere, die sich durch die Trennung von ihrer Mutter ergeben hatte. Nun besaß die Frau auch mehr Kraft, um sich gegen die Mutter ihres Freundes zu behaupten.

Nun folgt eine Geschichte, wie eine erstaunliche, aber zögerliche Heilerin ihren Weckruf erhielt. Veronica Blundell ist eine außergewöhnlich kraftvolle Heilerin, die buchstäblich Wunder möglich macht. Immer mehr wurde sie sich einer heißen Energie bewusst, die durch ihre Hände hindurchfloss. Wenn sie Menschen berührte, verschwanden deren Probleme.

Als Veronica auf einer Party in Italien war, sprach sie mit einer älteren Dame, die ihre Hände nicht mehr schließen konnte, da ihre Finger blockiert waren. Auch das Durchtrennen der Sehnen hatte nichts bewirkt. Veronica hörte sich sagen: »Lassen Sie mich Ihre Hände halten.« Als sie sie wieder losließ, konnte die Frau zum ersten Mal seit Jahren wieder ihre Hände öffnen und schließen.

Dies erzählte sie sogleich ihrer Freundin, die nicht mehr gut gehen konnte. Sie kam sofort angehumpelt und Veronica hielt ihre Füße. Die Frau tanzte den Rest des Abends.

Doch Veronica wollte ihre Heilkräfte nicht akzeptieren. Sie hatte keine Ausbildung als Heilerin gemacht und sie verstand nicht, warum die Energie durch sie hindurchfloss. Sie konnte es einfach nicht annehmen.

Eines Tages war sie mit Stephen, ihrem fünfzehnjährigen Sohn, allein in einem Zimmer. Er hatte noch nie eine hellsichtige Erfahrung gehabt. Plötzlich sah er Lichtblitze und sie dachten, er bekäme einen Migräneanfall. Veronica empfahl ihm, sich hinzulegen, sie würde die Vorhänge zuziehen. Doch zu ihrer Überraschung sagte er: »Kannst du denn das Licht nicht sehen?« Hinter ihrer Schulter war ein glänzendes Licht erschienen. In dem Licht stand ein strahlender Engel, der dem Jungen sagte, er brauche keine Angst zu haben. Der Engel sagte: »Ich bin der Engel deiner Mutter. Sie ist ein besonderer Mensch. Sie muss ihrem Ruf als Heilerin folgen. Sage ihr, sie soll sich daran erinnern, wer sie ist.« Der Engel hielt ein Zepter und einen Reichsapfel in seinen Händen und erklärte, sie würden seiner Mutter gehören. Stephen sagte: »Der Stab ist ganz fest, richtig dreidimensional. Nimm ihn. Du musst ihn doch sehen.« Doch Veronica sah und hörte nichts. Doch von diesem Moment an zweifelte sie nicht mehr an ihren Heilkräften.

Einige Tage später bat man sie, zu einem Mann zu kommen, der Krebs hatte und im Sterben lag. Er hatte schreckliche Schmerzen. Sie betrat das Zimmer und legte ihre Hände auf seinen Bauch. Die Schmerzen vergingen abrupt, sodass der Mann auf der Stelle einschlief. Seine Familie, die mit ins Zimmer gekommen war, staunte ungläubig. »Was haben Sie mit unserem Vater gemacht?«, fragten sie.

Veronica hörte sich sagen: »Es geht ihm gut. Er erlebt gerade eine Situation aus seiner Kindheit wieder, die er vergessen hatte.«

Als der Vater aufwachte, erzählte er von den ungewöhnlichen Erlebnissen seiner Kindheit, von denen er geträumt hatte. Von diesem Tag an bis zu seinem Dahinscheiden war er völlig schmerzfrei, wenn Veronica ihm Heilungen gab.

20. Kapitel

Tiefenreinigung

Wenn wir ein Gelübde ablegen, hat dies eine tiefe Wirkung auf unser Bewusstsein. Darum sollten Gelübde niemals leichtherzig ausgesprochen werden. Ein Mann in den Dreißigern erzählte mir, dass er eine Beratung bei einer Hellsichtigen hatte. Sie hätte einen Hochzeitsschwur erwähnt, den er als Teenager während eines Strandurlaubs getan hätte. Die hellsichtige Frau sagte ihm, dass dieser Schwur in seinem Unbewussten gespeichert wäre und ihn in seinen Beziehungen blockiere.

Der Mann war völlig perplex. Er sagte, dass er damals als Fünfzehnjähriger am Strand mit einem Mädchen eine Hochzeit gefeiert hatte. Mit dem Mädchen hatte er eine Sommer-Romanze gehabt. Damals war es nur Spaß gewesen und er hatte auch niemals mehr einen Gedanken daran verschwendet. Doch nach und nach wurde er sich der vollen Bedeutung dieses falschen Schwurs bewusst und er hätte ihn gern rückgängig gemacht.

Wenn eine gespielte Hochzeit vor Freunden solch eine Kraft haben kann, welche Kraft muss dann eine richtige Hochzeit haben! Das Gleiche gilt für Gelübde über Armut, Keuschheit und Gehorsam, die in anderen Leben in heiligen Zeremonien und dazu noch vor vielen Zeugen abgelegt wurden.

Alle veralteten Gelübde aus diesem oder vergangenen Leben, wie z.B. Ehen, die vorbei sind, blockieren unser volles Potenzial.

Penny war hellsichtig und hatte schon sehr viel an sich gearbeitet. Trotzdem konnte sie nicht verstehen, warum sie kein Interesse an Sex hatte. Während einer Sitzung stellte sich heraus, dass sie als Nonne einmal ein Keuschheitsgelübde abgelegt hatte und noch immer durch ätherische Keuschheitsgürtel gehemmt war. In der Sitzung haben wir vier dieser Keuschheitsgürtel entfernt.

Wir hielten eine Meditation ab, in der ich sie in eine Kathedrale führte. Wir riefen alle Menschen dazu, die Zeuge ihrer Keuschheitsgelübde gewesen waren, damit sie nun das Lösen des Gelübdes bezeugen konnten. Die Bänke füllten sich mit Nonnen und Mönchen verschiedener Orden. Sie kniete vor dem Priester und bat, von ihren alten Gelübden befreit zu werden, da sie nun nicht mehr nützlich seien. Der Priester löste sie mit einem Gebet auf und die versammelte Gemeinschaft verbeugte sich.

Dann kamen vier Nonnen und nahmen Penny mit in eine Seitenkapelle. Sie schlossen die Keuschheitsgürtel auf und nahmen sie ab. Dann führten sie sie wieder nach vorne in die Kathedrale, wo sie sich hinstellte und sich als von den Gelübden befreit erklärte. Als freie Frau führte sie triumphierend eine Prozession an, durch den Gang an den Bänken vorbei.

Als ich Penny ein paar Tage später wiedersah, erzählte sie mir, dass ihr Partner sie seit der Sitzung völlig anders behandelt. Bis dahin waren sie ziemlich distanziert miteinander umgegangen. Als sie nach der Sitzung nach Hause gekommen war, hatte er sie umarmt und geküsst. Sie merkte sofort, dass sich etwas verändert hatte.

Du kannst ähnliche Meditationen durchführen, um Armuts- und Gehorsamsgelübde aufzulösen. Dazu kannst du auch eine Zeremonie mit gleichgesinnten Freunden durchführen, um alte Gelübde loszuwerden.

Ohne es zu wissen, haben viele Menschen Implantate von Außerirdischen in ihrem Körper. Wesen aus anderen Galaxien sind sehr neugierig auf uns Menschen. Da sie selbst keine Möglichkeit haben, unsere Fortpflanzungsmethode und unsere emotionalen Zustände zu erfahren, so zeichnen sie diese durch Implantate auf.

Kumeka sagte, dass es sehr wichtig ist, dass wir uns von fremden Implantaten befreien, damit wir wirklich wir selbst sein können. Solange wir einen Fremdkörper in uns tragen, besitzen wir nicht wirklich die Autorität über unseren Körper und unsere Seele.

Ich finde es ziemlich erstaunlich, dass ein hohes Wesen wie Kumeka sich um die kleinen Probleme der Menschen kümmert. Doch er ist willens, individuell mit Menschen zu arbeiten, um sie von tief vergrabenen mentalen Mustern zu befreien. Er wird auch mit einer Gruppe arbeiten und Implantate entfernen. Auch mir hat er schon mehrere Implantate entfernt.

Beim ersten Mal bat mich Kumeka, in einer Meditation eine Gruppe von Menschen an einen Ort zu führen, wo er und seine Kollegen außerirdische Implantate entfernen konnten. Ich zweifelte sehr, ob das möglich sei, doch Kumeka sagte mir später, dass 90% der Implantate entfernt worden seien. Einige Teilnehmer bestätigten tatsächlich, dass sie sich hinterher viel besser fühlten.

Einmal gab ich ein Wochenendseminar über ein ganz anderes Thema. Obwohl ich nicht die Absicht hatte, über außerirdische Implantate zu sprechen, ging mir dieses Thema in der Mittagspause nicht aus dem Kopf. Als ich nach der Pause fragte, ob es noch Fragen gäbe, hoben einige Leute die Hände. Alle fragten nach Implantaten! Ich rief Kumeka um Hilfe an, damit er die Implantate der Teilnehmer entfernte.

Das Ergebnis war außergewöhnlich. Eine Frau schrieb mir nach dem Kurs, dass sie ein starkes Gefühl von Resonanz verspürt hatte, als Kumeka sagte, er wolle Implantate entfernen. Sie schrieb weiter, dass ihre Monatsregel schon einige Zeit ausgeblieben, ihre Brüste voller und ihr Bauch dicker geworden wären. Sie fühlte, dass sie schwanger war, doch alle Tests waren negativ. Auch wenn sie und ihr Freund pendelten, war das Ergebnis negativ. Ihr Arzt meinte, sie käme in die Wechseljahre.

Als sie im Kurs die Meditation mitmachte, um Lord Kumeka begegnen zu können, fühlte sie sich, als würde sie auf ihrem Stuhl hochschweben. Etwas wurde aus ihrem Leib gezogen und verschwand. Am nächsten Tag bekam sie sehr heftig ihre Periode und sie fühlte eine unbeschreibliche Freude und Freiheit. Sie ist davon überzeugt, dass ein außerirdisches Baby entfernt worden war.

Ich halte es allerdings für eher unwahrscheinlich, dass ein solches Implantat wirklich wachsen und als Mensch geboren werden könnte. Die Frau hätte bestimmt eine Fehlgeburt erlitten.

Eine andere Frau fühlte, wie ihr Implantate aus dem Magen und der Gebärmutter entfernt wurden. Nach dem Wochenendseminar verspürte sie den dringenden Wunsch, einen Termin bei jemandem zu machen, der darauf spezialisiert ist, außerirdische Implantate zu entfernen. Diese Person konnte noch drei Stück entfernen. Ich vermute, dass Kumeka nur solche Implantate entfernen kann, die die Menschen zu dem Zeitpunkt auch wirklich bereit sind loszulassen.

Wenn du das Gefühl hast, es gäbe astrale Wesenheiten in deiner Aura oder außerirdische Implantate in deinem Körper, meditiere und rufe Lord Kumeka, Vywamus, Djwal Khul und Erzengel Michael an. Sie werden sie für dich entfernen.

ÜBUNG – VISUALISATION, UM GELÜBDE AUFZULÖSEN:

1. Entspanne dich tief. Streichle deinen Körper mit deinem Atem, bis du dich zentriert und ruhig fühlst.
2. Erkläre deine Absicht, die alten Gelübde loszulassen.
3. Steige die Treppen zu einer alten, prächtigen Kathedrale hoch oder begib dich an einen heiligen Ort in der Natur.
4. Visualisiere einen Altar mit den heiligen Objekten, die du gerne darauf sehen würdest.
5. Zünde eine Kerze auf dem Altar an.

6. Bitte den Priester oder die Person, die die Zeremonie damals geleitet hat, vor dir zu erscheinen. Es spielt keine Rolle, ob du die Person erkennst oder nicht.
7. Bitte auch alle Personen zu erscheinen, die der damaligen Zeremonie beigewohnt haben, damit sie nun das Lösen der Gelübde bezeugen können.
8. Stelle dir nun die Auflösungszeremonie vor. Statte sie mit allem aus, was dir wichtig ist.
9. Gib alle Ringe, Keuschheitsgürtel oder sonstigen Symbole deiner Gelübde zurück.
10. Erkläre den versammelten Personen, dass du deine Freiheit wiedererlangt hast.
11. Schreite als freie Person aus dieser Zeremonie heraus.

Wenn du diesen Vorgang in einer Gruppe machen kannst, vielleicht verbunden mit einer Zeremonie, ist dies noch wesentlich kraftvoller.

Übung – Entfernen von negativen Wesenheiten und ausserirdischen Implantaten:

1. Entspanne dich.
2. Stell dir vor, du befindest dich an einem wunderschönen Ort, vielleicht an einem Bach oder in den Bergen.
3. Sobald du dich ruhig und zentriert fühlst, rufe Lord Kumeka, den Herrn des Lichts.
4. Rufe auch Vywamus, Djwal Khul und Erzengel Michael an.
5. Wenn du sie in deiner Nähe siehst oder fühlst, bitte sie, im Namen von Gott und Allem-was-Licht-ist, sämtliche außerirdischen Implantate und astralen Wesenheiten zu entfernen.
6. Sitze dann so lange still, bis du fühlst, dass die Arbeit beendet ist.
7. Danke ihnen für die Hilfe.
8. Denke daran, dass du Gnade und Segen erfahren hast.

9. Verschließe dich nun wieder, indem du dir vorstellst, dass ein blauer Mantel über deine Schultern gelegt und der Reißverschluss von den Füßen bis zum Kinn zugezogen wird. Zum Schluss wird dir noch die Kapuze über den Kopf gelegt.
10. Verlasse diesen heiligen Ort.

21. Kapitel

Intergalaktische Arbeit

Sobald wir uns dem Weg des Aufstiegs widmen, werden wir zu Projekten bestellt. Wir bringen das Licht, wohin wir auch gehen, deshalb werden wir dort hingeschickt, wo das Licht gebraucht wird. Dies kann auf der Erde sein, wie z. B. bei meiner Reise nach Peru mit einigen Freunden. Was wir allerdings nicht wussten, war, dass wir auf einer Mission waren, da Peru aus Kriegstagen und Unterdrückung noch viel Dunkelheit festhält. Dies gilt vor allem für Machu Picchu, das das wichtigste und kraftvollste interdimensionale Tor auf diesem Planeten ist. Machu Picchu war von den dunklen Kräften dermaßen infiltriert, dass durch dieses Tor dunkle Engel und Außerirdische auf den Planeten kommen konnten. Unsere Aufgabe war es, einen Teil der Dunkelheit aufzulösen und wieder Licht einzubringen. Dieses Tor sollte nur noch dem Licht dienen.

Als wir von der Reise zurückgekehrt waren, wurde uns gesagt, dass wir überall eine Spur von Licht hinterlassen hatten, das die Herzen aller Wesen um uns berührt hatte. Auch die Erde hätte dankbar das Licht aufgesaugt, wie trockener Boden den Regen.

Wenn du Lichtarbeiter bist, trägst du das Licht, wo immer du auch hingehst, ob du etwas tust oder nicht. Deine Gegenwart trägt zur Schwingungserhöhung des Planeten bei. Dies gilt auch für deine Gedanken während einer Meditation oder Visualisation. Wo immer sie hinziehen, folgt ihnen das Licht. Du nimmst das Licht auch mit, wenn du auf Astralreisen gehst, wie z. B. im Traumzustand.

Wenn sich unsere viertdimensionalen Chakren öffnen, sind

wir bereit für intergalaktische Arbeit. Dies bedeutet, dass wir uns in Meditation mit anderen Planeten verbinden können. Durch die Aktivierung des neunten Chakras werden wir automatisch zu einem Bewacher der Erde. Die Aktivierung des zehnten Chakras ermöglicht uns, ins Sonnensystem zu reisen und Missionen auf anderen Planeten auszuführen. Wenn sich das elfte Chakra geöffnet hat, werden wir zu galaktischen Wesen.

Während einer Grippeepidemie war ich sehr überrascht, als ich mich in Meditation vor dem Konzil des Saturns stehen sah. Ich erklärte ihnen, dass die Energie, die sie der Erde schickten, zu stark sei. Sie bringe den Menschen mehr Probleme, als sie mit ihrem Schwingungssystem verarbeiten könnten, und dass ich mich für eine sanftere Vorgehensweise einsetzen wollte.

Kumeka erklärte mir später, dass ich öfters für so wichtige Missionen eingesetzt werden könne, wenn ich nur wollte. Wenn wir in Meditation oder im Traum in der Galaxie oder auf anderen Planeten arbeiten, üben wir eine besondere Tätigkeit aus.

Eines Abends sprachen Shaaron und ich mit Kumeka. Plötzlich hielt er inne und sagte Shaaron, dass er gerne unsere Hilfe bei einem Projekt hätte.

Er erzählte uns von einem Planeten, der völlig blockiert sei. Der Planet war unfruchtbar und seine Bewohner weigerten sich, zuzuhören und irgendetwas zu verändern. Kumeka sagte, dass er und viele seiner Brüder schon versucht hatten, den Wesen dabei zu helfen, etwas Neues zu erschaffen, doch sie weigerten sich kategorisch.

Kumeka machte uns deutlich, wie wichtig diese Arbeit sei, denn das gesamte Universum befände sich in einem solch empfindlichen Gleichgewicht, dass schon durch einen einzigen blockierten Planeten das ganze System auseinanderbrechen könne.

Er wollte Shaaron und mich auf den felsigen Planeten bringen, damit wir den Bewohnern beibringen konnten, wie sie mit der Kraft ihres schöpferischen Geistes ihren Planeten fruchtbar und froh machen konnten.

Wir erhöhten unsere Schwingungen und reisten in Meditation auf diesen Planeten. Es war ein faszinierendes Projekt, denn wir erkannten schnell, dass die Einwohner große Angst hatten. Sehr liebevoll gingen wir auf die Ältesten zu und kommunizierten mit ihnen. Mit der Kraft unseres Geistes zeigten wir ihnen ein kleines Stück Gras. Wir halfen ihnen, es zu berühren und zu fühlen. Nach und nach zeigten wir ihnen Bäume, Blumen und Teiche und ermutigten sie, auch diese Dinge zu fühlen und zu erfahren. Dann lehrten wir sie, sich die Umhüllung der Natur vorzustellen und sie dadurch zu manifestieren.

Wir versprachen wiederzukommen.

Ich berichtete Kumeka, dass die Einwohner des Planeten vor seinem kraftvollen Wesen und seiner direkten Art Angst hätten. Sie brauchten sanften Zuspruch und Ermutigung, um aus ihrem Lähmungszustand herauszukommen. Bescheiden und ehrlich räumte Kumeka ein, dass er und seine Kollegen im Gespräch mit den Bewohnern vielleicht doch zu viel gewollt hätten. Sie hatten sich so sehr gewünscht, dass sich der unfruchtbare Planet weiterentwickelt.

Ich dachte mir, es sei ziemlich unglaublich, dass wir tatsächlich etwas tun konnten, was den Aufgestiegenen Meistern half.

Kumeka bat uns, den Planeten so lange in Meditation zu besuchen und auch Gruppen mitzunehmen, bis die Bewohner die Freude der Schöpfung verstehen und in der Fülle des lebendigen Grüns leben konnten. Dies haben wir getan und hatten das Vergnügen mitzuerleben, wie der Planet langsam grün und fruchtbar wurde, und wir sahen, wie die Kinder lachten, spielten und schwammen. Ich sage extra Kinder, da die Einwohner nicht mit menschlicher Lebensform vergleichbar sind.

Wenn du oder deine Gruppe gerne an diesem Projekt teilnehmen und Energie beitragen möchten, besucht in Meditation diesen Planeten und lehrt die Bewohner weiterhin, einen fruchtbaren Planeten zu erschaffen.

Keiner kann mit offenem Herzen etwas anbieten, ohne in irgendeiner Form etwas zurückzubekommen. Kumeka verspricht jedem, der mithilft, die Unfruchtbarkeit auf dem Planeten zu beseitigen, dass die eigene Unfruchtbarkeit, die man vielleicht in seinem Herzen spürt, geheilt werden wird.

Die Erde hat eine enge Verbindung mit den Plejaden und viele Plejadier sind momentan bei uns inkarniert. Einige Sterngeborene aus entfernten Galaxien nutzen die Plejaden als Zwischenstation, um ihre Schwingung zu verringern. Alle versuchen, uns und ihresgleichen zu helfen. Du kannst darum bitten, zu den Plejaden gebracht zu werden und in den dortigen Lichtkammern Hilfe und Heilung zu empfangen. Und du wirst sie auch in sehr kraftvoller Weise empfangen.

Eine Frau, die regelmäßig zu meinen Seminaren kommt, erzählte uns von einer Erfahrung, die sie einige Jahre lang gemacht hat. Sie wachte nachts auf und in ihrem Rücken vibrierte und summte es. Anfangs war es ihr unangenehm, denn es war zu stark. Doch dann gewöhnte sie sich daran. Sie wusste, dass sie mit einem Raumschiff in Verbindung stand und dass man sie energetisierte, um ihr zu helfen. Wann immer dies geschah, wachte sie morgens auf und fühlte sich voller Energie und Lebenskraft. Es fühlte sich wunderbar an. Sie wird ganz sicher aufgeladen werden, um eine besondere Arbeit tun zu können.

Wenn du dich bereit fühlst, planetarische Arbeit zu tun, setze dich hin und meditiere. Sende Licht an die Orte, von denen du fühlst, dass sie Licht brauchen. Meditiere ebenfalls für intergalaktische Arbeit und biete deine Dienste an. Dann warte auf Antworten oder Anweisungen.

22. Kapitel

Das Gesuch um Befreiung von Karma

Du musst Karma nicht länger abtragen, als du willst. Die Harmonische Konvergenz befreite die Lichtarbeiter von der Bürde ihrer Schulden. Als ich dies zum ersten Mal hörte, dachte ich: »Wie wunderbar! Ich lasse jetzt alles los!«

Eigentlich erwartete ich, dass ein großes Gewicht von mir abfallen würde. Doch ist es natürlich so, dass wir unsere Schulden nur dann abtragen können, wenn wir auch wirklich bereit dazu sind. Wenn wir noch etwas zu lernen haben oder wenn wir auf einer Ebene wirklich zurückzahlen wollen, wird die Schuld weiterbestehen und das spirituelle Gesetz in Kraft bleiben. Wir müssen um die Befreiung bitten.

Viele Leserinnen und Leser dieses Buches werden ihre Schulden bereits zurückgezahlt haben und dem spontanen Karma unterliegen. Dies bedeutet, dass jede neu aufgenommene Schuld sofort zurückgezahlt werden muss und dass man dir niemals mehr etwas durchgehen lassen wird. Da jeder Gedanke, jedes Wort und jede Handlung Konsequenzen hat, kannst du laufend Karma ansammeln, außer du beobachtest dich ständig selbst. Dies bedeutet, dass du vielleicht an einem Morgen jemanden wegen einer Tat gedankenlos verurteilst und du dich am Nachmittag dieser Person gegenüber in der gleichen Lage siehst.

Es obliegt dir selbst, dir in jedem Moment bewusst zu sein, was du dir erschaffst. All der Ärger, die Boshaftigkeit, Unehrlichkeit, Eifersucht und die Anflüge von Negativität und Verzweiflung dienen uns überhaupt nicht. Es ist so leicht, wieder Schulden zu machen, und je näher wir der Erleuchtung sind, umso härter ist die Bestrafung.

Auch Glaubenssätze haben karmische Auswirkungen. Wer glaubt, unwürdig zu sein, wird auch die Situationen erleben, die diesen Glauben bestätigen. Und wer nun diesen Situationen mit Wut oder Angst begegnet, erschafft Karma.

Ich kenne eine Frau, die ihre Katze innig geliebt hatte. Als die Katze verletzt wurde, quälte sich die Frau mit der Entscheidung, sie einschläfern zu lassen oder nicht. Schließlich entschied sie sich dafür. Diese Handlung brachte ihr kein Karma ein, da ihre Motive echt waren. Doch ihre Gefühle von Schuld und Zweifel erschufen seither Karma.

Viele Menschen fragen mich, ob es in Bezug auf Sex oder Selbstbefriedigung Karma gibt. Die Antwort ist nein. Doch oft entsteht Karma durch die Vorstellungen und Gedanken, die man dabei hat. Niedere Gefühle wie z.B. Lüsternheit oder Schuldgefühle erschaffen Karma. Liebevolle Gedanken beim Sex können ein Guthaben erschaffen.

Es gab schon immer die Gnade, die Karma auflöst. Liebe ist die Zutat, die das Gesetz der Gnade aktiviert. Wenn wir also etwas für jemanden aus reiner Liebe und reinem Mitgefühl heraus tun, bieten wir Gnade an.

Krankheiten und Unfälle sind die karmischen Konsequenzen von Glaubenssätzen, Gedanken und Handlungen – und zwar aus diesem Leben oder einem anderen. Wenn also ein Kind krank ist, wird seine Mutter es aus reiner Liebe zu einem Arzt oder Heiler bringen. Ihre Handlung aus Liebe heraus und die Fürsorge des Arztes oder Heilers ist die Gnade, die das Karma des Kindes auflöst.

Wenn ein Ertrinkender von einem Fremden gerettet wird, ist es Gnade, die der Fremde anbietet. Ein Therapeut, der jemandem hilft, eine Situation in einem anderen Licht zu sehen, sodass der Klient wieder die Liebe in seinem Herzen finden und den Hass loslassen kann, hilft, Gnade zu aktivieren.

Gegenwärtig wollen viele Menschen Heiler werden, denn es existiert momentan eine große Welle von Mitgefühl und Liebe in den Herzen der Erwachten. Geistheilung, Reiki, Kristallheilung und viele andere Formen der Therapie sind verfügbar, da das Göttliche durch die Menschen mit geöffnetem Herzen anderen Menschen und Tieren Gnade anbietet.

Die meisten von uns haben Lernaufgaben durch Beziehungen. Jeder, der an sich arbeitet, hat sich von Eltern, Partnern und schwierigen Beziehungen gelöst und sich sein eigenes inneres Kind angeschaut sowie das innere Kind desjenigen, mit dem man die Beziehung klären will. Oft tun wir, soviel wir können, und doch ist immer noch etwas nicht in Ordnung. Dafür gibt es jetzt eine neue Hilfe.

- *Wenn du wirklich alles versucht hast, eine Beziehung oder Situation zu heilen, und wirklich dein Bestes gegeben hast, um sie zu verstehen und zu lösen, kannst du Gott ersuchen, dir die Schuld zu erlassen.*

Ich hatte einmal mit einer Frau zu tun, die viele Jahre lang ihr Bestes getan hat, die Beziehung zu ihrer Mutter zu heilen. Schließlich schlug ich vor, dass sie um eine göttliche Fügung bitten solle. In einer Meditation nahm ich sie mit auf eine höhere Ebene, wo sie die Herren des Karmas treffen konnte. Sie erzählte ihnen von der inneren Arbeit, die sie bereits getan hatte, und von ihrem Verlangen, die Beziehung zu ihrer Mutter zu heilen. Sie berieten sich und dann sah die Frau, wie einer der Herren des Karmas eine Seite aus ihrer Akasha-Chronik ausradierte. Die Akasha-Chronik wird über viele Leben hinweg geführt und enthält die Aufzeichnungen über unsere Schulden und Guthaben. Schließlich durfte sie die Seite anschauen und sie sah, dass sie völlig leer war. Da wusste sie, dass ihre Schuld aufgelöst war.

Nie zuvor gab es in der Geschichte des Planeten Erde eine solche Gelegenheit, Gott um Gnade zu bitten. Ich fühle, dass jene, die dafür bereit sind, eine göttliche Amnestie erhalten können.

AFFIRMATIONEN:

- Göttliche Liebe und Licht fließen JETZT durch mich und lösen alle beschränkenden Muster und Glaubenssätze auf.
- Göttliche Liebe fließt durch mich, wenn ich an ... denke.

VISUALISATION, UM EINE SITUATION ZU LÖSEN UND ZU VERZEIHEN:

1. Schließe die Augen und entspanne dich.
2. Bitte darum, dass die Situation, die du klären möchtest, oder die Person, die damit zusammenhängt, vor dir auftaucht.
3. Löse dich von der Situation und betrachte sie mit den Augen der Liebe.
4. Was kannst du für diese Situation oder Person tun?
5. Stell dir vor, wie sie all das erhält, was sie verlangt, oder wie sich die Situation auf vollkommene Art löst.
6. Danke der Person oder Situation dafür, dass sie dir gedient hat.
7. Bitte um Vergebung für deinen Anteil.
8. Öffne dein Herz, um allen anderen zu vergeben.
9. Lass die Göttliche Liebe durch deinen Körper und deine Aura fließen.

VISUALISATION – DAS GESUCH UM DIE BEFREIUNG VON KARMA:

(Wenn du fühlst, dass du bereits alles, was möglich ist, getan hast)

1. Schreibe deine Petition an Gott.
2. Schließe deine Augen und entspanne dich.
3. Stelle dir vor, wie du die Stufen zu einem strahlend weißen Tempel hochgehst.

4. Gehe durch den Hof an den Blumenbeeten und dem Springbrunnen vorbei.
5. Bitte die Engel, deine Petition Gott zu übergeben.
6. Warte auf Antwort.
7. Klopfe an die Tür, die zu den Herren des Karmas führt. Gib demjenigen, der dir öffnet, Gottes Antwort in die Hand.
8. Empfange dann ihre Botschaft und danke ihnen.
9. Gehe durch den Hof zurück.
10. Meditiere über das, was geschehen ist.

23. Kapitel

Mantras

Mantras zu sprechen ist eine wundervolle Möglichkeit, dein Licht zu erhöhen. Mantras sind heilige Worte oder Ausdrücke, die, wenn du sie denkst, sprichst oder singst, großes Licht anziehen und dich spirituell stärken.

Mantras sind Schlüssel zum Universum. Jeder Klang erschafft ein Muster, das in sich selbst ein Symbol oder Schlüssel ist, der einen Teil der universellen Wahrheit erschließen kann. Pythagoras, der jetzt Lord Kuthumi ist, war der Erste, der das Konzept der Sphärenmusik vorgestellt hat. Es besagt, dass sich jeder Planet, Stern und Felsen, jede Pflanze und jedes Meer im Kosmos nach einem bestimmten Rhythmus bewegt und mit einer bestimmten Schwingung resoniert. Viele Mantras und Mandalas sind Speicher uralter Weisheit, die in ihnen versiegelt worden ist.

Musik, Töne und Mantras haben bestimmte Schwingungen. Wenn wir Töne erzeugen, verschiedene Arten von Musik spielen oder bestimmte Mantras singen, entsteht ein Muster oder ein Symbol. Jedes ist ein Schlüssel, das den Geist und den Körper für kosmische Weisheit öffnen kann. Ein Mantra ist also ein goldener Schlüssel zum Göttlichen und schafft Zugang zu höherer Bewusstheit.

Es wurden bereits viele Experimente gemacht, um die Wirkung von verschiedenen Klängen auf Materialien wie z.B. Metallspäne oder Sand zu erforschen. Als die Töne erklangen, begannen die Metallspäne zu schwingen und ordneten sich neu an. In unseren heutigen technischen Tagen verwendet man ein sogenanntes Tonoskop, doch sind die Resultate dieselben. Wenn der Schlussakkord von Händels Messias durch ein Tonoskop erklingt, entsteht auf dem Bildschirm ein vollkommenes Pentagramm. Mantras bilden präzise geometrische Muster. Das OM schafft einen vollkommenen Kreis, der mit konzentrischen Dreiecken erfüllt ist. Wenn man eine Stimmgabel anschlägt, lässt der entstehende Ton alle anderen Stimmgabeln in Hörweite in derselben Frequenz schwingen. Wenn man in einem Raum mit vielen Klavieren eins mit einem Ton anschlägt, wird dieselbe Note in allen anderen Klavieren ebenfalls mitschwingen. Die Gehirnwellen von Menschen, die an einem Ort versammelt sind, synchronisieren sich. Bewusstsein breitet sich aus.

Hohe Schwingungen lösen niedere Schwingungen auf. Gedanken aus höherem Bewusstsein hellen einen trüben Geist auf. Das höhere Bewusstsein hat daher größere Macht und mehr Einfluss. Das Licht muss immer gewinnen.

■ *Wenn wir Mantras singen, schließen wir uns nicht nur an kosmisches Wissen und Weisheit an. Wir verbreiten damit auch diese Weisheit für andere Menschen, die bereit sind, sie zu empfangen.*

Die Namen der großen Meister sind zu Mantras geworden. *Avatar* bedeutet »Abstieg des Göttlichen in das Fleisch«. Babaji, der Yogi-Christus, ist ein *Mahavatar,* d.h. *großer Avatar*. Möglicherweise ist er einer der am meisten geliebten und bekanntesten spirituellen Meister. Er besitzt so viel Macht, dass er seinen Körper mit seiner Willenskraft dematerialisieren oder materialisieren kann und oft einem einzelnen oder kleinen Gruppen von Jüngern erscheint. Er sieht aus wie ein junger Mann von fünfundzwanzig Jahren. Er hat langes schwarzes Haar und ein strahlendes Gesicht und einen ebensolchen Körper. Seit vielen hundert Jahren hilft er von seinem Wohnort im Himalaja aus den Menschen. Er kann zu Gott zurückkehren, wann immer er will, opfert sich aber für die Erlösung der Menschheit. Er wird auch der »todlose Meister« genannt.

Babaji hat viele der großen spirituellen Führer über die Jahrhunderte hinweg gelehrt. Er war der Guru des Gurus von Yoganandas Guru und es war Babaji selbst, der Yogananda nach Amerika geschickt hat, um Kriya-Yoga zu lehren. Kriya-Yoga wird auch »die Schnellstraße zu Gott« genannt. Die Geschichte von Babajis Aufstieg hat Yogananda in seinem wundervollen und inspirierenden Buch *Autobiographie eines Yogi* beschrieben.

Nach intensiver Yoga-Praxis unter Anleitung seines Gurus, des berühmten Siddha-Yoga-Meisters Boganathar, machte sich Babaji auf die Suche nach dem großen Guru Agastyar. Während seiner Suche in Südindien legte Babaji gegenüber der Göttlichen Mutter ein feierliches Gelübde ab, so lange bewegungslos in Gebet und Meditation zu verharren, bis Agastyar ihn in Kriya-Yoga einweiht. So saß Babaji trotz Regen und glühender Sonne, trotz Insektenstichen und Hunger achtundvierzig Tage lang in unermüdlicher Hingabe. Am Punkt des Todes angekommen sprach Babaji wieder und wieder Agastyars Namen. Der große Guru erschien vor ihm und bot ihm Wasser und Nahrung an. Dann weihte er Babaji in Kriya-Kundalini-Pranayama-Yoga ein. Babaji verbrachte achtzehn Monate im Himalaja, um diese Techniken zu üben. Am Ende hatte er sie vollkommen gemeistert und stieg auf.

Babaji steht in ständiger Verbindung mit dem Christus, und beide arbeiten für unseren Planeten.

Es wird gesagt, dass man nicht Babajis Namen mit Ehrfurcht aussprechen könnte, ohne göttlichen Segen zu empfangen.

Einer von Sai Babas Bhajans (Gesänge oder Hymnen) besteht aus dem Namen eines Heiligen, gefolgt von einem Halleluja! Du kannst dies genauso tun, um die Energie von Heiligen zu rufen. Z.B. Sai Baba Halleluja! Mutter Meera Halleluja! Babaji Halleluja! Yogananda Halleluja! Mutter Maria Halleluja! Lord Buddha Halleluja! Mohammed Halleluja! Allah Halleluja! Lord Maitreya Halleluja! Lord Kuthumi Halleluja! Jesus Christus Halleluja! Serapis Bey Halleluja! Sanat Kumara Halleluja!

Wenn ich nachts im Bett liege, singe ich oft still ein Mantra und kann spüren, wie sich mein Körper buchstäblich mit Licht anfüllt.

Du kannst auch den Namen eines Meisters singen, z.B., wenn du in einer Warteschlange stehst, im Auto unterwegs bist, schwimmst, läufst, eben immer, wenn du einen freien Geist hast. Dies ist eine Art der Meditation. Wenn du den Namen eines heiligen Meisters singst, wirst du ihn oder sie zu dir rufen.

Wenn du z.B. *Sai Baba* oder *Sai Ram* singst, wirst du Sathya Sai Baba, den Kosmischen Christus, anziehen, der momentan in einem physischen Körper in Puttaparthi in Indien inkarniert ist. Ja, wir leben in unglaublichen Zeiten!

Hare Krishna (Heil Krishna) wird Krishna rufen, *Jesus Christus* bringt dir Jesus nahe. Der Name oder das Mantra *Jesus Christus* hat enorme Kraft. Wenn es bewusst ausgesprochen wird, zieht es einen Lichtstrudel an.

Wenn du den Namen einer heiligen Person singst, wirst du auch ihre Eigenschaften anziehen. Das Mantra *Franziskus* (von Assisi) bringt dir Hingabe, bedingungslose Liebe und Bescheidenheit. *Jesus Christus* bringt bedingungslose Liebe. *Gandhiji* (Mahatma Gandhi) bringt Gewaltlosigkeit, Bescheidenheit und Weisheit. *Elohim, Maria* oder *Mutter Meera* ruft die Göttliche Mutter, *Johanna* (von Orleans) oder *Erzengel Michael* bringen Mut.

Das Göttliche reagiert auf jeglichen göttlichen Namen oder jegliches Mantra. Wenn du also ein Mantra singst, stärkst du damit deine Verbindung zur Quelle.

Jedes Mantra erschafft ein Symbol im ätherischen Raum. Wenn genügend Leute das gleiche Mantra verwenden, laut oder leise, gesprochen oder gesungen, fügen sie eines der heiligen Symbole Göttlicher Weisheit ins Universum. Wenn du dauernd ein Mantra benutzt, wird es das entsprechende Symbol in deine Aura prägen, damit du mit dem Göttlichen besser in Verbindung stehen kannst.

Menschen, die permanent mit einem Rosenkranz *Heilige Mutter Gottes* singen, werden das Symbol der Göttlichen Mutter in ihrer Aura haben. So können sie ihre Energie leichter empfangen und werden ihren kleinen Beitrag zur Energie der Göttlichen Mutter leisten.

Om Namah Shivaya ruft direkt die Quelle an. Om Shanti ist ein Friedens-Mantra. *Kodoish Kodoish Kodoish Adonai Tsebayoth* (Heilig Heilig Heilig Herr der Heerscharen) ist eins der kraftvollsten Mantras überhaupt.

So Ham wird von Millionen Menschen benutzt. Man atmet mit *So* ein und mit *Ham* wieder aus. Es war eines der machtvollsten Mantras und wurde von den Anhängern verschiedenster Wege verwendet. Doch Kumeka hat mir gesagt, dass sich der Planet weiterentwickelt hätte und dieses Mantra nun weniger wichtig ist.

Überflüssig zu sagen, dass es eine tiefe Erfahrung sein kann, wenn man beim Mantrasingen einen Kristall in der Hand hält. Du kannst dir auch vorstellen, in einer Pyramide zu sitzen und Blumen und Kerzen um dich herum aufzustellen.

Hier sind einige wohl bekannte und sehr kraftvolle Mantras:

DIE GROSSE INVOKATION *

(übermittelt von Alice Bailey)

Aus dem Quell des Lichts im Denken Gottes
Ströme Licht herab ins Menschen-Denken.
Es werde Licht auf Erden!

Aus dem Quell der Liebe im Herzen Gottes
Ströme Liebe aus in alle Menschenherzen.
Möge Christus wiederkommen auf Erden!

---

* Übersetzung entnommen aus: Alice Bailey, *Die unvollendete Autobiographie,* 2. Auflage 1995

Aus dem Zentrum, das den Willen Gottes kennt,
lenke plan-beseelte Kraft die kleinen Menschenwillen
zu dem Endziel, dem die Meister wissend dienen!
Durch das Zentrum, das wir Menschheit nennen,
entfalte sich der Plan der Liebe und des Lichts
und siegle zu die Tür zum Übel.

Mögen Licht und Liebe und Kraft
Den Plan auf Erden wiederherstellen.

DAS VATERUNSER

Vater unser, der du bist im Himmel.
Geheiligt werde dein Name.
Dein Reich komme.
Dein Wille geschehe im Himmel so auch auf Erden.
Unser täglich Brot gib uns heute und
vergib uns unsere Schuld,
wie auch wir vergeben unseren Schuldigern.
Und führe uns nicht in Versuchung,
sondern erlöse uns von dem Bösen.
Amen.

DAS MANTRA DER GROSSEN WEISSEN BRUDERSCHAFT*

Ich bin die Monade (oder die Seele)
Ich bin das Göttliche Licht
Ich bin Liebe
Ich bin Wille
Ich bin die festgelegte Form

---

* Die Große Weiße Bruderschaft besteht aus jenen, die die physische Ebene gemeistert haben und sich nun dem Dienst an der Menschheit hingeben. (Anm. d. Ü.)

Als ich dieses Mantra hörte, verliebte ich mich sofort in es. Es war, als hätte ich es von früher wiedererkannt. Es ruft deine mächtige ICH-BIN-Gegenwart. Die Worte »Ich bin die festgelegte Form« beziehen sich auf die ursprüngliche Missionserklärung deiner Monade. Es steht in Resonanz mit deiner Mission und bringt dich ihr näher, wenn du nicht sowieso schon auf deinem monadischen Weg bist. Wenn du bereits diesem Weg folgst, glaube ich, dass dieses Mantra deine Reise beschleunigt.

24. Kapitel

Geistführer

Jeder Mensch hat Geistführer. Keiner wandelt allein auf Erden. Während unser Schutzengel unser ganzes Leben lang bei uns bleibt, haben wir je nach Entwicklungsstufe verschiedene Geistführer.

Menschen, die kein Interesse am spirituellen Leben besitzen, haben vielleicht ihr ganzes Leben denselben Geistführer. Ihr Führer ist höher entwickelt als sie, wird aber nicht vom höchsten Kaliber sein. Stephen, Veronicas Sohn, der ihren Schutzengel gesehen hatte und damit half, ihr den Weckruf zu übermitteln, wartete eines Tages zusammen mit ihr auf einen Bekannten. Er sah Lichter hinter den Menschen, die vorbeigingen. Die Lichter hatten verschiedene Farben und Abtönungen, doch jeder Mensch hatte eins. Dann sah er, dass jedes Licht ein Geistführer war.

Als die Geistführer bemerkten, dass er sie sehen konnte, reagierten sie unterschiedlich. Einigen gefiel das nicht und sie schauten nur kühl zurück. Andere kamen auf ihn zu und grüßten ihn. Viele waren bekümmert und sagten: »Er will einfach nicht hören. Bald werde ich ihn verlassen und weitergehen. Es ist reine Energieverschwendung, bei ihm zu bleiben.« Wenn die Leute nur wüssten!

Wenn wir aus unserem Seelenschlaf erwachen, reiner und leichter werden und uns mehr auf den spirituellen Weg konzentrieren, ziehen wir durch unsere Schwingungen höherstehende Geistführer an. Momentan nähern sich sehr hoch entwickelte Wesen unserem Planeten und warten darauf, dass die Menschen ihre Schwingung erhöhen, damit sie sich mit ihnen verbinden können. Diese hohen Wesen möchten der Welt Weisheit und Wahrheit übermitteln.

Geistführer können ihre Schwingung bis zu einem gewissen Grad reduzieren, doch wir müssen uns öffnen und reinigen, damit sich die höchstschwingenden Führer mit uns verbinden können, die uns möglich sind. Je lichter wir werden, umso reiner und feiner werden die Führung und die Wahrheiten sein, ob wir uns dessen bewusst sind oder nicht.

Nicht jeder Geistführer war schon einmal inkarniert. Wenn er noch niemals physisch auf unserem Planeten gelebt hat, kann es vorkommen, dass ein Geistführer es schwierig findet, unsere Emotionen oder unsere körperlichen Begrenzungen zu verstehen. Es obliegt immer uns selbst, für uns die Verantwortung zu tragen.

Höhere Führer haben sich durch Selbstvergebung weiterentwickelt und sind höchst reine Wesen. Sie sind darin ausgebildet, Menschen beim Erfüllen ihrer Mission zu helfen.

Je weiter du dich entwickelst, umso wahrscheinlicher ist es, dass du mehrere Geistführer hast, die dich unterstützen. Sie helfen dir bei verschiedenen Aspekten deines Lebens. Jemand, der unentwickelt ist, wird höchstwahrscheinlich nur einen Führer oder Helfer haben. Je höher unsere Schwingung ist, umso höhere spirituelle Hilfe ziehen wir an. Du kannst vielleicht verschiedene Führer in deiner Nähe spüren. Vielleicht hast du auch eine ganze Armee von Helfern in der geistigen Welt.

Kurz nach meiner ersten spirituellen Erfahrung 1982, als mich ein Engel auf eine Reise durch das Universum mitgenommen hatte, stellte ich fest, dass ich einen Geistführer hatte. Jedoch wusste ich nicht, wie ich mit ihm in Kontakt treten könnte und wie er oder sie heißt.

Damals wollte ich, genau wie die anderen gerade erwachten Menschen, mit meinem Führer in Kontakt treten oder zumindest seinen Namen wissen. Ich wusste bereits, dass die Schwingung des Namens hilft, die Verbindung mit seiner Führung zu vertiefen. Ich bekam eine Meditation, die ich jeden

Abend machte, bevor ich ins Bett ging. Ich sollte auf den Gipfel eines Berges klettern, mich hinsetzen, nach dem Namen meines Führers fragen und jeden Eindruck, den ich hatte, annehmen.

Eines Abends setzte ich mich voller Vorfreude hin und meditierte. Ich fragte nach dem Namen meines Führers. Ein starker Gedanke trat in meinen Kopf: »Philendron«. Dann hörte ich ein zartes Stimmchen sagen: »Und Nesbitt.«

»Was für ein Quatsch«, dachte ich und war sehr enttäuscht. Zwei weitere Wochen lang setzte ich mich jeden Abend hin und fragte nach dem Namen meines Geistführers. Zwei Wochen lang erhielt ich die Auskunft: »Philendron«, gefolgt von: »Und Nesbitt.« Es war wie eine schlechte Nummer in einem Theaterstück und ich war ziemlich genervt.

Dann hatte ich meinen nächsten Termin bei der Frau, die mir diese Meditation gegeben hatte. Sie stimmte sich auf mich ein und sagte: »Sie haben zwei Geistführer, die momentan mit ihnen arbeiten. Der eine heißt Philendron, der andere Nesbitt.«

Selbst heute noch werde ich gebeten, die Eindrücke zu akzeptieren, die ich empfange. Oft lässt uns der Zweifel schöne Gelegenheiten verpassen.

Als ich mich mehr und mehr meinem spirituellen Weg widmete und mein Leben auf spirituelle Wahrheiten ausrichtete, kamen weitere Führer auf mich zu. Als ich mein Buch *Light up your Life* schrieb, tauchte ein neuer Führer auf. Ich empfing den Eindruck, dass sein Name »Bartholomew« war. Er war ein wundervoller, warmherziger und sanfter Lehrer und *Light up your Life*« und das Nachfolgebuch *A Time for Transformation* fanden ihren Verleger. Ich sprach nie über Bartholomew und die Art, wie er mich mit Informationen versorgte. Ein paar Wochen später erhielt ich zwei Briefe von Freunden, die schrieben, dass ich unbedingt die Bücher von Bartholomew lesen sollte, die Mary Margaret Moore gechannelt hatte. Sie hätten eine wundervolle Energie. Ein paar Tage später bekam ich einen Anruf von einer Frau, die ein Seminar für Mary Margaret Moore organisierte und fragte, ob ich teilnehmen wolle. Ohne zu zögern sagte ich ja.

Bis kurz vor meiner Abfahrt zu diesem Seminar arbeitete ich an einem Konzept für ein Seminar, das ich selbst geben wollte. Als ich im Auto saß, bat ich um eine Bestätigung, dass jener Bartholomew derselbe war, mit dem ich arbeitete. Mary Margaret begann zu channeln und sagte fast wörtlich die Dinge, die ich vorher aufgeschrieben hatte. Da wusste ich, dass dies der Beweis war, um den ich gebeten hatte.

Ich habe Bartholomew nie gesehen, doch von Zeit zu Zeit erhaschte ich im Traum oder in Visualisationen kurze Blicke auf drei amerikanische Indianer. Zwei von ihnen trugen einen riesigen Federschmuck. Der dritte war noch sehr jung und trug eine Feder im Haar. Er war athletisch und hatte ein nettes Lächeln.

Eines Tages ging ich in den Feldern spazieren und war von dichtem Nebel umgeben. Ich fühlte mich völlig eingehüllt und war in einem meditativen Zustand. Still sprach ich zur geistigen Welt und fragte: »Wer sind die drei Indianer, die ich immer sehe? Und welcher von ihnen ist Philendron?« Plötzlich sah ich vor mir einen stattlichen Indianer mit einem gewaltigen Federschmuck. Ich dachte nur: »Wow!«

Dann sagte ich: »Wer ist der Junge mit den weißen Mokassins und der Feder?« Er erschien grinsend vor mir und sagte: »Das bin ich, Red Cloud.«

Ich fragte: »Wer ist der andere Häuptling, den ich ab und zu sehe?«

Plötzlich fühlte ich, als würde ein Lichtstab durch meinen Kopf dringen. Dann sah ich einen stattlichen Indianer vor mir. Er sagte mit tiefer Stimme: »Ich bin White Eagle.«

Ich erschrak und fühlte mich völlig unwert. Ich stammelte: »Aber ich kann nicht diese Dinge tun, die sie in der White-Eagle-Loge tun. Ich bin kein Medium.«

Er antwortete: »Nein, aber du kannst Eindrücke empfangen.« Dann verschwand er im Nebel. Völlig schockiert ging ich nach Hause. Ich erzählte diese Begebenheit einer Freundin, die in der White-Eagle-Loge als Heilerin arbeitete. Sie sagte: »An deiner Stelle würde ich das niemandem erzählen.« Und ich habe das auch viele Jahre nicht getan.

So arbeitete ich jahrelang an meiner persönlichen und spirituellen Entwicklung mit dem Ziel, dem Göttlichen zu dienen.

Dann trat Kumeka in Shaarons und mein Leben. Er ist mein höchster spiritueller Führer und geistiger Lehrer. Ich fühle mich gesegnet, mit diesem Aufgestiegenen Meister arbeiten zu dürfen.

25. Kapitel

Engel

Engel umgeben uns in diesem Moment. Nicht nur, um uns zu inspirieren und zu ermutigen, sondern auch, um uns zu helfen und unseren Weg zum Aufstieg zu vereinfachen. Schon immer haben uns Engel geführt und inspiriert. Doch jetzt stehen uns mehr Engel zur Seite als je zuvor. Sie kommen zu uns im Auftrag Gottes, um den bevorstehenden Wellen des Aufstiegs zu helfen.

Wegen ihrer hohen Schwingung können Engel von den meisten Menschen nicht gesehen werden. Wenn kleine Federn vor uns in der Luft schweben, versuchen die Engel, unsere Aufmerksamkeit zu erregen. Federn sind ihre Visitenkarten.

Einmal ging ich im Wald spazieren und war über ein Problem tief in Gedanken versunken. Es war einer jener seltenen Momente, in denen ich mich abgeschnitten fühlte und keine Hilfe um mich fühlen konnte. Ich blieb stehen und sagte laut: »Ist da ein Engel, der mir mit diesem Problem weiterhelfen kann?« Ich schaute auf den Boden und direkt vor meinem Fuß lag eine kleine weiße Feder. Da wusste ich, dass man sich um mich kümmerte.

Bald danach kam eine Frau zu mir, die sehr gerne mit Engeln gearbeitet hätte. Sie war sehr verspannt, und trotz ihres tiefen Wunsches, mit Engeln zu arbeiten, war sie voller Zweifel. Niemals zuvor habe ich jemanden in jedem einzelnen Satz so viel Hoffnung und so viel Zweifel zugleich ausdrücken gehört.

Wir begannen also zu arbeiten und luden die Engel ein, in ihr Leben zu treten. Ich nahm die blaue Decke, in die ich meine

Klienten immer einwickele, und legte sie über die Frau. In der Mitte der Decke lag eine kleine weiße Feder. Als ich meinen ersten Klienten früh am Morgen gehabt hatte, war sie noch nicht da gewesen. Die Frau war völlig perplex. Unnötig zu erwähnen, dass die Engel sehr kraftvoll erschienen sind und dabei halfen, das Herzzentrum der Frau zu öffnen, damit sie mehr Hilfe bei ihren Problemen erfahren konnte.

Diese beiden Geschichten erzählte ich einmal bei einem Vortrag. Und plötzlich hatte jeder eine Geschichte über Federn zu erzählen, die er völlig unerwartet gefunden hatte. Am nächsten Tag klingelte das Telefon. Die Dame erzählte mir, dass sie nach meinem Vortrag mit ihren Freundinnen noch etwas essen gegangen war. Als sie aufstanden und gehen wollten, lag in der Mitte des Tisches eine kleine weiße Feder. Die Frau sagte, dass der Tisch sauber abgewischt und ganz leer war, als sie sich hingesetzt hatten. Alle Frauen waren aufgeregt, dass sich die Engel so schnell bemerkbar gemacht hatten.

Bei einem anderen Vortrag berichtete eine Dame, dass ihr Vater den Engeln immer sehr nahe gewesen wäre und oft mit ihnen gesprochen hätte. Er ist bei einem Autounfall ums Leben gekommen und ein Augenzeuge erzählte der Dame, was er gesehen hatte. Er erwähnte, dass wohl auch ein Schwan bei diesem Unfall ums Leben gekommen sein müsse, denn die Luft war voller weißer Federn gewesen! Da wusste die Frau, dass die Engel bei ihrem Vater gewesen waren.

Engel können uns auch bei ganz praktischen Dingen helfen. Sie besitzen einen großartigen Sinn für Humor.

Einmal war ein Mann in einem meiner Seminare und sagte: »Ich danke Ihnen für Ihr Engel-Buch. Es hat mir letzte Woche geholfen.« Er erzählte, dass er sich mit einem verklemmten Wasserhahn abgequält hatte, der nicht mehr aufgehen wollte. In dem Moment, als er aufgeben und einen Klempner anrufen wollte, erinnerte er sich an die Engel und dachte: »Ob wohl ein Klempner-Engel in der Nähe ist?« Dann sagte er laut ins Zimmer: »Wenn ein Klempner-Engel da ist, bitte hilf mir!«

Dann ging er zum Wasserhahn und stellte fest, dass er sich problemlos aufdrehen ließ.

Wenn sich unsere Schwingungen erhöhen, helfen uns die Engel dabei, zurückzuerlangen, was unser göttliches Geburtsrecht ist.

Ich erzählte die Geschichte von dem Klempner-Engel einer Freundin, als wir zusammen den wunderschönen Hindu-Tempel in Neasden, Nord-London, besuchten.

Vor dreiunddreißig Jahren hatte sie ihr Baby zur Adoption frei gegeben. Seitdem hat sie jeden Tag für es gebetet. Vor zehn Jahren fing sie an, mit Hilfe einer Agentur nach ihrem Sohn zu suchen.

Als sie nach unserem Tempelbesuch heimkam, fand sie einen Brief von der Agentur vor. In ihm stand, dass man nichts mehr für sie tun könne. Alle Möglichkeiten seien ausgeschöpft. Man müsse die Akte leider schließen.

Meine Freundin setzte sich hin und versuchte, diese schlimmen Neuigkeiten zu verdauen. Plötzlich dachte sie: »Wenn es einen Klempner-Engel gibt, müsste es auch einen Engel geben, der sich um verlorene Kinder kümmert. Mein Sohn ist vor dreiunddreißig Jahren verloren gegangen.«

So bat sie den Engel für verlorene Kinder, ihren Sohn zu finden. Zweiundsiebzig Stunden später rief die Agentur an und sagte, dass sie ihn gefunden hätten, und nicht nur das, er war auch auf der Suche nach ihr und wollte sie unbedingt treffen. Zehn Tage später waren sie wieder vereint und zum ersten Mal in all diesen Jahren fühlte sie sich rundum vollständig. Sie wusste, dass die Engel ihren Sohn zurückgebracht hatten.

■ *Wir können die Engel auch bitten, anderen zu helfen. Dabei sollen wir uns aber immer unserer Motive bewusst sein.*

Eine attraktive sonnengebräunte Frau erzählte mir, sie wäre gerade von einem Urlaub mit ihrer Familie zurückgekommen. Sie waren in einer einsamen Villa gewesen, und die einzige

Zerstreuung war der Swimming-Pool. Ihre fünfjährige Tochter planschte und spielte den ganzen Tag im Wasser, während ihr achtjähriger Sohn fürchterliche Angst vor dem Wasser hatte und sich weigerte, dem Becken auch nur nahe zu kommen. Etwa zehn Tage nach Urlaubsbeginn fing die Frau an, mein Buch *Der Engel-Ratgeber* zu lesen. Ihr wurde bewusst, welche Hilfe Engel bieten können. Sie legte das Buch kurz hin und bat die Engel, ihrem Sohn zu helfen, seine Angst vor dem Wasser zu überwinden. Etwas später an diesem Vormittag schubste ihr Mann sie an und flüsterte: »Schau mal!« Der Junge spielte ausgelassen im Wasser.

■ *Engel arbeiten durch das Herz mit Mitgefühl.*

Einmal gab ich ein Seminar über inneren Frieden. Ich erklärte, dass Schmerzen oder Verletzungen Botschaften unseres inneren Kindes sind, die wir ignorieren. Und solange wir sie nicht beachten, können wir keinen inneren Frieden erfahren.

Einer der Seminarteilnehmer, den ich hier James nennen möchte, war ein verbitterter Mensch. Nach dem Seminar ging er auf mich los: Er sagte, er hätte eine Rückenverletzung, die ihm beträchtliche Schmerzen bereitete. In seinem Falle wäre es allerdings etwas anderes, erklärte er, denn er sei von jemand anderem verletzt worden, und bald würde es einen Gerichtsprozess deswegen geben.

Ich sprach ihm mein Bedauern aus, erklärte ihm aber dann, dass die Person, die ihn angegriffen hätte, nur ein Spiegel im Außen dafür sei, wie er sich selbst innerlich angreife und verletze. Dies erschütterte ihn, aber er war bewusst genug, um zu verstehen. Ich erinnerte ihn daran, dass er die Wahl hätte und entweder an seiner Verletzung, seinen Schmerzen und seinem Mangel an innerem Frieden hängenbleiben oder ihn aber loslassen könnte. Ich schlug ihm vor loszulassen.

Das wollte er jedoch überhaupt nicht hören und ging ziemlich wütend nach Hause. Da seine Frau verreist war, hatte er das Haus für sich allein. So setzte er sich in einen bequemen

Sessel und dachte über alles nach. Darüber wurde es dunkel. Zu seinem Erstaunen sah er plötzlich ein Licht in seinem Zimmer und ein Engel stand vor ihm. Er war sehr schön und glänzte golden. Der Engel zeigt James einen Ausschnitt aus seinem Leben. Der Mann sah die Schrecken seiner Kindheit, die er durch seinen gewalttätigen und alkoholkranken Vater erfahren hatte. Der Engel zeigte ihm eine Szene, in der der kleine Junge seine Mutter beschützen wollte und dafür verprügelt wurde. Dann sah er eine Szene, als er zehn Jahre alt war und ein Bein in Gips hatte. Sein betrunkener Vater schlug mit einem Stock auf den Gips.

Während er diese schrecklichen Dinge sah, fühlte der Mann die Liebe, die Wärme und die Kraft des Engels. Dieser sagte zu ihm: »Lass los, James, lass alles los.«

Obwohl James nicht für das Seminar über Heilung mit Engeln am nächsten Tag angemeldet war, tauchte er auf und saß direkt vor mir. An diesem Vormittag erzählte er uns von seiner Erfahrung mit dem Engel und begann zu weinen. Zum allererstenmal sprach er über den Schmerz und die Verzweiflung seiner Kindheit und von seinem Vater.

Den ganzen Tag konnte er die Engel fühlen, die ihn unterstützten und ihm beim Loslassen halfen. Durch ihre liebevolle Unterstützung konnte er als warmherziger, liebevoller und strahlender Mann nach Hause gehen, der zudem keine Rückenschmerzen mehr hatte.

Wenn sich unsere Schwingungen erhöhen und wir uns in höhere Dimensionen erheben, lösen sich unsere ätherischen Flügel von unseren Schultern und breiten sich aus. Einige Hellsichtige können sie sehen. Viele Menschen haben merkwürdige Empfindungen und Schmerzen in ihren Schultern und würden kaum vermuten, dass dies ihre wachsenden Flügel sein könnten.

Wenn du in deine Flügel hineinspürst und dich auf sie konzentrierst, kannst du ihre Entfaltung beschleunigen. Es ist ein wundervolles Gefühl, seine Flügel zu spüren. Einige Menschen haben kleine Flügel, andere riesige. Einige sind weiß, andere golden, rosa, regenbogenfarben oder durchsichtig. Alle sind verschieden.

Während des Seminars sagte ein Mann, der seine Flügel fühlen konnte, dass es genauso sei wie in seiner Kindheit, als er in seinen Träumen und seinen Fantasien noch fliegen konnte. Er konnte sich an etwas erinnern, was verloren gewesen war. Er erkannte sein Engels-Selbst wieder.

Du musst nicht an Engel glauben, um ihre Hilfe und Führung zu bekommen. Bitte und sie kommen, um deinen Weg zu vereinfachen.

Wie oben, so unten. Wenn ein Kind das Selbstvertrauen verliert, kann das Vertrauen der Eltern dem Kind helfen, Erfolg zu haben. Der Glauben der Engel an uns hilft uns ebenso.

■ *Du musst nicht an Engel glauben. Sie glauben an dich.*

26. Kapitel

Erzengel

Erzengel sind so wunderschön und licht, dass unsere Vorstellungskraft nicht ausreicht, ihre Energie zu begreifen. Sie sind ungeheure Wesen. Ihr Mitgefühl ist unendlich und ihre Kraft riesig. Und so unglaublich es auch klingen mag, sie arbeiten auch einzeln mit uns Menschen.

Du brauchst dich nie zu scheuen, sie um Hilfe anzurufen. Sie sind zwar hohe spirituelle Wesen und arbeiten an großen Projekten, doch wird ihre Energie zu uns kommen, wenn wir darum bitten.

Erzengel Michael liebt es, Dinge zu Ende zu bringen. Er schneidet uns von dem ab, was uns zurückhält. Ich erinnere mich da besonders an einen Fall.

Eine Frau kam zu mir und erzählte mir, dass sie eine Affäre mit einem anderen Mann hatte, der ihre einzige Quelle für Liebe und Wärme sei. Ihr Ehemann war ein guter Mensch und er liebte sie. Von der Affäre wisse er jedoch nichts.

Diese Frau kam zu mir, da sie gerne ihr Familienleben verbessern und gleichzeitig ihren Geliebten behalten wollte. Sie behauptete, dass ihr Mann nichts von der Affäre wisse, also könnte es ihm ja auch nichts ausmachen. Ich erinnerte sie daran, dass er vielleicht nicht bewusst wisse, was los sei, aber dass er auf der Energieebene, der Ebene, auf der wir alle miteinander verbunden sind und aufeinander reagieren, natürlich Bescheid wisse. Fast ohne zu zögern stimmte sie mir zu und sagte, dass er sehr intuitiv sei.

»Doch«, beharrte sie, »ich werde auf meinen Geliebten nicht verzichten. Ich habe einmal versucht, ohne ihn zu leben, und ich war völlig fertig. Ich kann dies nicht noch einmal durchmachen.« Sie wollte auch nichts davon hören, die feinstofflichen Bande zwischen ihnen zu durchtrennen.

Sie hatte sich völlig in ihren Standpunkt verrannt und weigerte sich, ihn zu verändern. Ich führte sie über Entspannung in eine Meditation, um ihr Bewusstsein zu erhöhen. Ich schlug ihr vor, sie solle in sich sehen, ob es noch eine andere Möglichkeit gäbe. Sie schloss ihre Augen und sah sofort sich selbst mit ihrem Mann und den beiden Kindern. Alle vier waren dunkel, doch ein Licht schien auf sie selbst, das von ihrem Geliebten kam. Sie konnte die Schnur sehen, die sie miteinander verband. Sie sagte, dass das Licht in ihr ausgehen würde, wenn man die Schnur durchtrennen würde.

Als ich vorschlug, einen Engel zu bitten, ihr zu helfen, sagte sie sogleich, dass sie gerne Erzengel Michael rufen würde. Sofort gab es einen Energieschub, als der mächtige Erzengel mit seinem Schwert ins Zimmer kam. Mit einem Hieb durchtrennte er das Band zwischen ihr und ihrem Geliebten. Dann überflutete er sie mit Wärme, Licht und Liebe, was sich bis zu ihrem Mann und den Kindern ausdehnte.

Als sie die Augen öffnete, schaute sie verwirrt drein, aber dann lachte sie. »Es ist unglaublich, ich fühle mich so anders!« Als sie ging, war sie sich absolut klar, dass sie ihren Geliebten nicht brauche und ihn sogar nicht mehr sehen wollte.

Einen Monat später traf ich sie wieder. Sie strahlte und sagte, dass sie ihren Liebhaber beim Arbeiten wiedergesehen hätte und ganz anders für ihn empfand. Er war nun ein guter Freund, und nachdem Erzengel Michael das Band durchtrennt hatte, gab es kein Prickeln mehr zwischen ihnen. Sie erzählte weiter, dass die Konsequenz daraus in ihrer Familie einfach unglaublich sei. »Sie sehen alle so glücklich aus«, sagte sie. »Mein Mann und ich sind uns sehr nahegekommen und meine Kinder blühen förmlich auf.«

Wir können die Engel und Erzengel zu jeder Zeit rufen. Wir können auch darum bitten, in Meditation oder im Schlaf zu ihren Kraftzentren im ätherischen Bereich kommen zu dürfen. Wenn wir dies tun, arbeiten sie mit uns, ohne dass wir bewusst etwas tun.

Erzengel Michael hilft, unseren göttlichen Willen und Glauben zu stärken. Er erfüllt uns mit Mut, Stärke und Kraft und schützt uns. Oft wird er mit einem Schwert in der Hand dargestellt.

Eine Frau, die ich hier gerne Liz nennen möchte, wurde sich bewusst, dass ihr Vater, der ziemlich alt war, sie, ihre Kinder und alle weiblichen Familienmitglieder auf astraler Ebene sexuell missbrauchte. Mit anderen Worten, sein Astralkörper verschaffte sich nachts Befriedigung durch Kontakt mit den Frauen der Familie. Er tat dies bereits seit Jahren und es hatte eine schlimme Wirkung auf die Betroffenen, besonders auf die kleinen Mädchen. Was wir im Schlaf erleben, nehmen wir unbewusst in den Wachzustand mit, wo es uns beeinflusst.

Der Vater war im Leben ein aktives, anerkanntes Mitglied der Gesellschaft und hatte dabei seine Sexualität unterdrückt. Wenn wir unsere Gefühle und unsere Sexualität verleugnen, leben wir sie auf anderer Ebene aus. Ich fühlte sehr stark, dass dies aufhören musste. Nicht nur sollten die Frauen sich selbst und die Kinder schützen, sie sollten ihn sich auch in einem Käfig vorstellen, sodass er nichts mehr anrichten konnte.

Liz und ich visualisierten ihren alten Vater in einem stabilen Käfig. Ich war mir der karmischen Konsequenzen bewusst und bat darum, dass diese Visualisation durch Gnade funktioniere und zum höchsten Wohl aller Beteiligten sei.

In jener Nacht hatte eins der Mädchen einen lebhaften Traum. Natürlich hatte sie nichts von unserer Visualisation gewusst. Im ersten Teil ihres Traumes wurde sie von einem Unterdrücker befreit. Als sie aber glaubte, in Sicherheit zu sein, brach ein riesiger Tiger aus seinem Käfig aus. Da wachte sie auf.

Der Vater war ein Mann mit starker Willenskraft. Sein Geist, dargestellt durch den Tiger im Traum des Mädchens, konnte aus dem Käfig, in den wir ihn gesteckt hatten, ausbrechen. Von da an haben wir vor dem Schlafengehen auch noch Erzengel Michael gebeten, bei den Frauen Wache zu halten.

Zusammen mit anderen Menschen habe ich die Vision, ein Lichtzentrum zu erschaffen. Uns wurde gesagt, dass wir für den 6. April 1997 eine Friedensveranstaltung organisieren sollten, 1000 Tage vor der Jahrtausendwende. Am späten Nachmittag formten mehrere hundert Menschen einen Friedensstern und hielten gelbe Luftballons, während wir uns im Tanz des Friedens sanft wiegten.

Später kam eine Frau auf mich zu, die sehr hellsichtig ist und schon einige meiner Kurse besucht hat. Sie sagte: »Haben Sie den riesigen goldenen Erzengel gesehen, der im Zentrum des Sterns stand? Er hatte seine Flügel ausgedehnt und jeden im Stern damit eingehüllt.« Ich hatte ihn nicht gesehen, doch jeder spürte etwas Ungewöhnliches um sich. Selbst Menschen, die keine Lichtarbeiter waren, sprachen von dem wunderbaren Gefühl, das sie im Stern hatten, und davon, dass sie ihn gar nicht auflösen wollten.

In jener Nacht wurde ich von einem Engel geweckt. Er sagte mir, dass jeder, der im Stern gestanden hätte, gesegnet worden wäre und dass wir unsere Aufgabe erledigt hatten. Wir konnten genug Licht einbringen, um ein Tor zu erschaffen, durch das Engel jetzt noch leichter Zugang zum Planeten haben. In der folgenden Nacht wurde mir meine Frage beantwortet, wer der Engel in der Mitte des Sterns gewesen war. Es war Erzengel Michael.

Jeder der Erzengel hat ein Kraftzentrum im ätherischen Bereich unseres Planeten. Wenn du schon einmal in einem dieser Zentren warst oder du dich zu einem Zentrum besonders hingezogen fühlst, kann dies bedeuten, dass du mit dem entsprechenden Erzengel eng verbunden bist.

Ich habe bereits erwähnt, dass Erzengel Gabriels Kraftzentrum im ätherischen Bereich über dem Mount Shasta in Kalifornien liegt. Du kannst dort zur Reinigung hingehen.

Einmal sprach ich über die ätherischen Kraftorte in einem Seminar. Ein paar Wochen später erzählte mir Margaret, eine Teilnehmerin, von ihrer Erfahrung. Kurz vor dem Schlafengehen hatte sie darum gebeten, zu Gabriels Kraftzentrum gebracht zu werden. In der ersten Nacht kamen ein Meister und eine Meisterin und zeigten ihr alte Erinnerungen aus diesem und aus früheren Leben. Danach wurden diese Erinnerungen aus ihrer Aura entfernt.

In der zweiten Nacht wusste sie, dass sie sehr still liegen musste, obwohl es ihr keiner gesagt hatte. Eine starke Energie lief durch sie hindurch und Körperteile, mit denen sie früher schon einmal Probleme gehabt hatte, fingen zu schmerzen an. Sie wusste, dass sie eine Klärung durchmachte. In der dritten Nacht fühlte sie, wie man ihren Darm herausnahm und zu zwei Dritteln mit Licht anfüllte. Seitdem kann sie Salat und andere Nahrungsmittel essen, die sie vorher nicht vertragen hatte.

Erzengel Michaels Kraftzentrum ist in Banff, in der Nähe von Lake Louise in Kanada. Er arbeitet mit dem ersten Strahl, der blau ist, und sein Tag ist der Dienstag. Du kannst ihn auch anrufen, wenn du im Sterben liegst, damit du sicher an deinen dir zugedachten Platz kommst.

Erzengel Metatron arbeitet meistens in einem anderen Universum. Deshalb ist sein ätherischer Kraftort nicht bei uns. Er kommt durch Findhorn auf die Erde. Dort strahlt die Energie und dieser Ort wird mehr und mehr zu einem Eingangstor. Wenn du wahrhaftig und ehrlich an dir selbst arbeiten möchtest, dann rufe Metatron um Hilfe an. Er hat mit Ehrlichkeit in jeder Form zu tun und er wird dir dabei helfen, ehrlich zu dir selbst und zu anderen zu sein. Laut Kumeka ist das größte Hindernis der Menschen die Neigung, sich selbst etwas vorzumachen.

27. Kapitel

Die neue Spirituelle Hierarchie

Die Aufgestiegenen Meister sind unsere älteren Geschwister – hoch entwickelte Seelen, die auch als die »Erleuchteten« oder »Erwählten« bekannt sind. Es gibt Tausende von Aufgestiegenen Meistern, von denen die meisten Inkarnationen auf der Erde hatten. Sie lernten alle Lektionen, die diese Schule bieten konnte. Die Aufgestiegenen Meister von Shambhala treffen sich an einem Ort, der über der Wüste Gobi liegt. Diese Erleuchteten haben alle Erfahrungen im menschlichen Körper gemacht und alle Prüfungen gemeistert, die auf der Erde zu machen sind.

Es gibt andere Aufgestiegene Wesenheiten, die aus anderen Universen kommen und die vielleicht keine Erfahrungen mit den Herausforderungen eines physischen Körpers besitzen. Nichtsdestoweniger sind auch sie Erleuchtete und sind durch die Prüfungen anderer Existenzebenen aufgestiegen. Sie bieten sich selbst als hochfrequente Führer für jene Menschen an, die dafür bereit sind. Einige von ihnen sind so weit entwickelt, dass ihre Arbeit die Universen überspannt.

Ein Team dieser Erleuchteten hilft dabei, die Erde vorwärtszubringen. Sie sind die Spirituelle Hierarchie der Erde. Da wir uns nun voll und ganz im Wassermannzeitalter befinden, wurde ein neues Team gebildet. Einige dieser Führer (wie z. B. Sanat Kumara, der sich schon so lange der Weiterentwicklung dieser Erde gewidmet hat) kehrten zu ihren Heimatplaneten zurück, um dort weiterzuarbeiten. Andere meisterten die Strahlen, denen sie vorstanden. Sie sind nun Eingeweihte dieser Strahlen und werden zu den Chohans von anderen Strahlen. Wieder andere dieser Erleuchteten wurden inzwischen auf höhere Positionen befördert.

Im Fischezeitalter, das wir gerade hinter uns gelassen haben, dominierten die Männer. Jetzt liegt die Betonung auf Ausgleich. Nun gilt es die Wahrheit anzuerkennen, dass das Männliche und Weibliche gleichwertig, jedoch unterschiedlich sind. Mit der Aufgabe, dieses Verständnis in das menschliche Bewusstsein zu bringen, wurden neue Meister betraut. Diese Meister waren in ihrer jeweils letzten Inkarnation Frauen. Ihre Aufgabe ist es, die Frauen wieder zu stärken und auch das Göttliche Weibliche in den Männern zu fördern.

In den folgenden Kapiteln wirst du den Meistern begegnen, die zur Zeit mit uns arbeiten, Stand Dezember 2003. Die Auflistung wird sich in der nahen Zukunft nochmals verändern.

28. Kapitel

Die höheren Aufgestiegenen Meister

Lord Maitreya war 2500 Jahre lang unter Sanat Kumara stellvertretender Meister der Welt, der mittlerweile auf die Venus zurückgekehrt ist.

Im Jahr 1956 übernahm Lord Maitreya die Position des Herrn der Welt. Dabei ist er nicht nur für die Erde zuständig, sondern auch für mehrere Sternensysteme.

Er ist das Haupt der Großen Weißen Bruderschaft und des Ordens von Melchizedek. Als Herr des gesamten Sonnensystems ist er hier, um uns durch das Wassermannzeitalter zu leiten. Seine Aufgabe ist es, den Himmel auf die Erde zu bringen, und er bemüht sich, das Bewusstsein der Menschen zu heben und es für den Universalen Gottesgeist zu öffnen.

Er arbeitet mit reinweißem Licht, das alle Farben enthält, und er strahlt dieses Licht in die Erdatmosphäre. Wir nehmen dieses Licht mit unserem spirituellen Körper auf, und sobald wir dazu bereit sind, absorbieren wir es in unserem Mental-, Emotional- und physischen Körper.

Lord Maitreya fokussiert weiterhin Energie durch die anderen Meister, befasst sich jedoch nicht mit individuellem Bewusstsein – außer du bist Teil seines Teams. Er ist für die gesamte Menschheit und für das Pflanzen- und Mineralreich verantwortlich.

Auch wenn es dabei um spirituelle Aspekte geht, beeinflusst er jeden, der mit Physik und naturwissenschaftlicher Forschung zu tun hat, und aktiviert die Heilung der Welt.

Er kam auf die Erde, um die Buddha-Energie zu bringen, damit die Menschen Zugang zur fünften, sechsten und siebten

Dimension bekommen; er überschattete Jesus Sananda, den Christus, und war auch als Krishna inkarniert.

Wie die anderen Meister hat auch Lord Maitreya zu bestimmten Orten auf der Erde eine besondere Verbindung. Er zieht sich vor allem in die Höhle der tausend Buddhas in China, in den Konfuzius-Tempel auf Taiwan und nach Landow an der Seidenstraße zurück.

Kuthumi teilt sich mit Jesus Sananda die Position des Weltenlehrers auf den inneren Ebenen. Bald wird er jedoch für diese große Aufgabe die volle Verantwortung übernehmen. Als Haupt aller Schulen ist er besonders an jenen interessiert, die spirituelle Wahrheiten vermitteln. Eine seiner Aufgaben ist es, das dogmatische Denken der Religionen zu transformieren, damit sich bedingungslose Liebe manifestieren kann.

Zwölftausend inkarnierte oder geistige Wesen helfen ihm dabei. Seine Erdenleben demonstrierten die Liebe zu allen Wesen. Er war einer der Begründer des Ordens der Tempelritter, die uralte esoterische Wahrheiten hüteten und Pilger beschützten. Als Pythagoras war er ein Vorreiter für Themen wie Heilige Geometrie, Numerologie, Mathematik und Sphärenmusik und gründete eine Mysterienschule für die Große Weiße Bruderschaft. Als heiliger Franziskus von Assisi demonstrierte er Sanftheit und Liebe zu allen Wesen. Als Schah Dschahan erbaute er das Taj Mahal als Zeichen vollkommener Liebe zu seiner Frau. Er war der geliebte Jünger Johannes, der Weise Balthasar, der den Geburtsort Jesu errechnete, und Pharao Tutmosis III.

Dieses mächtige Wesen ist der Hüter des Tores zu den alten okkulten Mysterien. Heute, da die Erde auf ihrem Pfad des Aufstiegs voranschreitet, bringt er empfänglichen Lichtarbeitern esoterische Informationen.

Er ist ein Eingeweihter des zweiten Strahls der Liebe und Weisheit und zusammen mit dem Erzengel Michael Hüter des Heiligen Grals, der die mystische Suche nach Selbsterkenntnis und Selbst-Meisterung repräsentiert.

Kraftzentren der Erzengel

Erzengel	Zentrum	Strahl	Wirkungsspektrum
Michael	Banff, Kanada (nahe Lake Louise)	Blauer Strahl des Schutzes (Dienstag), Halschakra	Bindet Böses und negative Wesenheiten. Schützt gegen Angriff und Schädigung. Gibt Mut und Stärke. Stärkt den göttlichen Glauben und Willen.
Jophiel	südlich der chinesischen Großen Mauer	Gelber Strahl der Weisheit (Sonntag), Kronenchakra	Hilft, seinem Glauben treu zu bleiben. Hilft, Unwissenheit, Stolz und Engstirnigkeit zu überwinden. Hilft bei Erziehung, Ausbildung und Studium.
Chamuel	St. Louis, Missouri, USA	Rosafarbener Strahl der Liebe (Montag), Herzchakra	Vergrößert die Flamme der Liebe. Arbeitet mit Liebe, Mitgefühl und Vergebung. Rufe ihn an zum Loslassen und zum Umwandeln alter Glaubenssätze.
Gabriel	Mount Shasta, Kalifornien, USA	Weißer Strahl der Reinheit (Freitag), Basiszentrum	Für Klarheit, Reinheit, Ordnung und Disziplin. Er bringt Freude und Gnade. Hat auch ein Zentrum in Findhorn für Reinigung und Erwachen.
Raphael	Fatima, Portugal	Grüner Strahl des Gleichgewichts (Mittwoch), Drittes Auge	Hilft Reisenden und Heilern. Bringt Fülle, Gesundheit und Heilung. Steht für Visionen und Wahrheit.
Uriel	Tatra-Berge, Polen	Purpurfarbener und goldener Strahl der Weisheit (Donnerstag), Solarplexus	Dient dem Frieden und bringt Gelassenheit. Bruderschaft/Schwesternschaft. Gibt Freiheit, indem er hilft, Ängste und Sehnsüchte loszulassen.
Zadkiel	Kuba	Violetter Strahl der Transmutation (Samstag), Sitz der Seele	Wandelt niedere Energien um und hilft bei Vergebung, Diplomatie und Toleranz. Saint Germain hat für uns die Violette Flamme errungen, damit wir die Erde verlassen und aufsteigen können. Zadkiel arbeitet mit der Violetten Flamme.
Metatron	kommt durch Findhorn auf die Erde		Wahrheit, Ehrlichkeit mit uns selbst und anderen gegenüber.

Nach und nach bringt er der Menschheit mehr Verständnis der spirituellen Gesetze.

Er ist der Hierarch der Bruderschaft des Goldenen Gewandes – jener Wesen, die die Bürden der Welt auf sich nehmen.

Sein Symbol ist der sechszackige Davidstern, der Geist, Körper und Beziehungen vollkommen ins Gleichgewicht bringt.

Jesus Sananda, früher der Meister bzw. Chohan des sechsten Strahles, teilt sich nun während einer Übergangszeit noch mit Kuthumi die Position des Weltenlehrers. Neben Lord Maitreya ist er einer der Herren des Planeten Erde. Auf den inneren Ebenen kennen wir ihn als Sananda, einen der bekanntesten und am meisten geliebten aller Erleuchteten.

Er ist einer der zwölf Töchter/Söhne Gottes und der einzige unter ihnen, der sich auf unserem Planeten inkarniert. In seinem Leben als Jesus war er Essener und Hohepriester des Ordens von Melchizedek. Noch vor seiner Geburt und während jenes Lebens wurde er darauf vorbereitet, der Christus dieses Zeitalters zu werden. Als er bereit war, die Energie des Kosmischen Christus aufzunehmen, arbeitete Lord Maitreya durch ihn.

Seine Heimat ist die Venus und er hat kein Karma aufzuarbeiten.

Unter seinen früheren Inkarnationen waren folgende: Adam, Enoch, Jeschua, Josua, Elias und Joseph von Ägypten. Er inkarnierte als der große Meister Apollonius von Tyana, der die göttlichen Gesetze lehrte. Sein Leben als Jesus war das einzige, in dem die ganze Energie seiner Seele auf die Erde kam.

Saint Germain ist der Chohan des siebten, violetten Strahls und er brachte uns die Violette Flamme der Reinigung. Sein Aspekt, der als Rakoczy inkarnierte, erlangte kürzlich die Meisterschaft über den elften Strahl.

Unter seinen früheren Inkarnationen waren folgende: der Prophet Samuel; Lao Tse; Joseph von Nazareth; der heilige Alban; Proklus, der griechische Philosoph; Merlin der Zauberer;

Christoph Columbus; Francis Bacon; Rakoczy. Als Christian Rosenkreutz gründete er den Orden des Rosenkreuzes.

Dwjhal Kuhl arbeitet eng mit Kuthumi als dessen Stellvertreter zusammen. Durch die Energie verschiedener Strahlen beeinflusst er die Menschen. Er ist bekannt als der Botschafter der Meister und er lehrt viele Schüler der Erleuchteten. Um den Gesundheitszustand der Welt zu verbessern, arbeitet er mit den Engeln der Heilung und hilft jenen, die Heilenergie channeln.

Er ist Mitglied in der Bruderschaft des Goldenen Gewandes und er diktierte Helena Petrowna Blavatsky und Alice A. Bailey, die ihn als den »Tibeter« kannten. Er war auch Kaspar, einer der drei Weisen, die Jesus im Stall besuchten. Er war auch Johann Sebastian Bach.

Mutter Maria, bekannt als die Königin der Engel, ist die Zwillingsflamme des Erzengels Raphael. In Lemurien war sie als Ma-ra inkarniert, was bedeutet: »Die Göttin, die die Mutter der Sonne ist«. Sie war die erste Eingeweihte jener Zivilisation und begründete die Lemurische Mysterienschule. Sie war auch die erste Lemurierin, die von der Erde aufstieg. In Atlantis war sie Isis, die Hohepriesterin, die den Sonnengott Horus auf jungfräuliche Weise gebar. (Horus repräsentiert den Sonnenlogos und ist in Ägypten als der »Löwenkönig« bekannt.)

Zu Beginn des Fischezeitalters wählte sie sich Essener als Eltern und wurde als reine Jungfrau auf die Geburt von Jesus vorbereitet, dem Christus seiner Zeit. Mittlerweile arbeitet sie in der Gruppe der Erleuchteten daran, die Frauen wieder zu stärken und das Göttliche Weibliche auf die Erde zurückzubringen.

Theresa von Avila gewann viel Erfahrung in etlichen Inkarnationen und versammelte um sich eine Gruppe von inkarnierten und nicht inkarnierten Lichtarbeitern. Ihre Rolle liegt darin, die Menschheit von der Notwendigkeit einer neuen, nicht dogmatischen Religion zu überzeugen, die auf Einheit mit der Quelle bzw. dem Schöpfer basiert. Sie will auch eine neue Form und ein neues Verständnis von Theologie etablieren.

Die heilige Katharina von Siena arbeitet mit den Erleuchteten daran, das spirituelle Licht in der Menschheit zu stimulieren. In weiteren Inkarnationen war sie Johanna von Orleans und Helena Blavatsky, die Begründerin der Theosophie.

Die heilige Klara bringt der Menschheit größere spirituelle Bewusstheit. Während ihrer Amtszeit wird sie auf die Erde zurückkehren, um Kuthumi von den spirituellen Fortschritten berichten und klären zu können, welche Unterstützung von der geistigen Ebene aus notwendig ist. Sie war die Begründerin der Armen Klarissen, die sich einem nicht materiell orientierten Leben verschrieben und den Bedürftigen dienten.

Zum gegenwärtigen Zeitpunkt haben sich einige Energien der Meister miteinander verschmolzen, damit die Welt gefördert werde.

29. Kapitel

Aufgestiegene Meister, Strahlen 1–7

Die Strahlen 1–7

Strahl 1

Dies ist der Strahl des Willens, der Macht und Zielgerichtetheit, bei dem es um unseren Göttlichen Willen und nicht unseren niederen Willen geht, sodass uns andere nicht beeinflussen können. Um dies zu demonstrieren, müssen wir durch Beispiel anleiten, nicht durch Kontrolle. Eingeweihte, die die Prüfungen dieses Strahls bestanden haben, müssen den Göttlichen Plan aktiv vorantreiben.

El Morya ist immer noch der Chohan des ersten Strahls. Er arbeitet eng mit Erzengel Michael zusammen.

Als Abraham formte er die frühen semitischen Völker und hat seitdem deren Evolution beeinflusst. Nach dem Fall von Atlantis trug er das atlantische Wissen zum Euphrat und war federführend beim Aufbau der mesopotamischen Zivilisation. Er förderte die Entwicklung der Schrift, sodass Aufzeichnungen auf Tontafeln gemacht werden konnten. Er half auch bei der Entwicklung des Islam und der islamischen Kunst. Es war El Morya, der zuerst die kosmische Kraft der Transformation, die im Wasser steckt, erkannte. Auf ihn geht auch das Konzept der Taufe zurück. Zusammen mit Kuthumi beeinflusste er Madame Blavatskys Schriften und veranlasste sie, die Theosophische Gesellschaft zu gründen.

El Morya arbeitet eng mit der Erde zusammen, um uns in dieser Zeit der massiven Veränderung zu helfen. Er ist Mitglied der Großen Weißen Bruderschaft und seine Heimat ist der Merkur. In Kürze wird er eine große Rolle übernehmen, die des Manu, was man mit »vollkommener Mensch« übersetzen könnte. Die neue und sechste Wurzelrasse der Menschheit wird auf den Eigenschaften und Charakteristika des Manu basieren.

Unter seinen früheren Inkarnationen waren folgende: Melchior, einer der drei Weisen; Abraham; Akbar der Große; König Salomo; König Artus.

Strahl 2

Dies ist der Strahl der Liebe-Weisheit. Menschen auf diesem Strahl streben danach, die Wahrheit selbstlos und mit Weisheit und Takt zu vermitteln.

Der große chinesische Philosoph **Lanto** ist zum Meister dieses Strahls geworden. Er lebte etwa 400 v. Chr., und es wird gesagt, dass er auf der Erde mehr erreicht hätte als jeder andere Meister. In jenem Leben entwickelte er die bedingungslose Liebe in dem Maße, dass goldenes Licht aus seinem Herzzentrum strahlte. In jüngerer Zeit, jedoch bevor er den zweiten Strahl übernahm, beaufsichtigte er die Entwicklung von Metatron, einem der Zwillingsplaneten der Erde, der höher entwickelt als diese ist.

Strahl 3

Dies ist der Strahl der Intelligenz und kreativen Aktivität. Diejenigen, die mit diesem Strahl arbeiten, helfen, den Göttlichen Plan umzusetzen, indem sie etwas erschaffen, was für die Menschheit von lang andauerndem Nutzen ist.

Der als **Paul, der Venezianer**, bekannte Meister ist der Chohan dieses Strahls. Er ist eng mit Saint Germain (Meister Rakoczy) und dem Erzengel Zadkiel verbunden. Seine Aufgabe ist es, unsere künstlerischen, kreativen und optimistischen Energien zu entwickeln. Er fördert auch Wissenschaft, Weisheit und praktisches Wissen.

Dafür bringt er sanftere Pastelltöne hervor, die eine höhere Frequenz besitzen. Überwiegend arbeitet er mit dem goldgelben Strahl, mit dem er Musiker und Künstler unterstützt. Er inspirierte Chopin zu seiner Musik, die den Geist erhebt. Mahler half er, Musik zu komponieren, die die Seele befreit. Er ist auch mit den Farben Violett und Orange verbunden. In seinem Leben als Paolo Veronese war er ein brillanter Renaissance-Maler, der die Göttliche Energie in seinen leuchtenden Farben übermittelte. Er arbeitete vom Tempel der Sonne in New York aus und energetisiert bis heute durch die Freiheitsstatue heilige Frequenzen.

Bis 1962 lag sein ätherischer Retreatort über Südfrankreich, in der Nähe von Marseille.

STRAHL 4

Dies ist der Strahl von Harmonie und Gleichgewicht. Die Menschen auf diesem Strahl tragen konfliktreiche Energien in sich und kämpfen mit ihnen, bis sie mit ihrem Höheren Selbst verschmolzen sind. Dann sind Harmonie und Gleichgewicht erreicht.

Serapis Bey ist nun Eingeweihter des dritten Strahls und hat nun die Position des Chohans des vierten Strahls inne.

Seine Heimat ist die Venus und er ist der einzige Meister, der mit den Seraphim an ihrer devischen und Engelevolution arbeitet.

Er arbeitet mit den amethystfarbenen und violetten Strahlen, den Strahlen des Wassermannzeitalters. Er hat eine Aufstiegskammer in Luxor und ist als »der Ägypter« bekannt, da er mit Engeln zusammenarbeitete, um den Bau der Pyramiden zu beeinflussen. Es wird gesagt, dass in den Pyramiden seine Lehren aufbewahrt werden.

Seine neue Rolle liegt darin, eine höhere Art der Heilung, einschließlich dem Gebrauch von Schallwellen, zu etablieren. Er wird das Denken des Wassermannzeitalters beeinflussen. In früheren Inkarnationen war er ein großer Priester-Avatar in Atlantis und Hüter der Weißen Flamme. Er war Zarathustra (Zoroaster). In Ägypten war er Echnaton, der Pharao, der die Große Weiße Bruderschaft schützte und reorganisierte. Für sie stellte er neue Regeln auf. Zu jener Zeit versuchte er, die Herrschaft des korrupten Priesterstandes zu beenden und das Wissen um den Einen Gott wieder zu etablieren.

Er war auch der Pharao Amenophis, der den Tempel von Theben erbaute.

STRAHL 5

Strahl 5 ist der Strahl der Wissenschaft, der Weisheit und des Wissens. Dieser Strahl hat gleichzeitig mit praktischer Wissenschaft, Technik und okkultem Wissen zu tun. Auf dieser Ebene ist die Antwort auf alles in der Natur ablesbar bzw. verborgen. Die Menschen auf diesem Strahl müssen die Antworten suchen und so verarbeiten, dass sie uns allen nutzen.

Hilarion ist momentan noch der Chohan des fünften, orangefarbenen Strahls. Er arbeitet auch mit der Farbe Gelb, um das Verständnis von praktischer und esoterischer Wissenschaft für das Neue Zeitalter zu fördern.

Er leitet seine Energien zu jenen, die Channel-Medien und Hellsichtige werden möchten.

Seine früheren Inkarnationen waren in Atlantis, wo er im Tempel der Wahrheit arbeitete, und in Griechenland, wo er das Orakel von Delphi begründete. Er war der Apostel Paulus und er arbeitet eng mit Meister Marko zusammen, der die höchste galaktische Konföderation unseres Sonnensystems repräsentiert. (Die Hauptstadt des Sonnensystems ist auf Saturn.) Er ist auch der Verhandlungsführer für die Erde im Rat des Saturn, sodass wir nicht von unserer spirituellen Reise ablassen.

Strahl 6

Dies ist der Strahl des Idealismus und der Devotion. Es ist der Strahl des Fischezeitalters, in dem es akzeptabel war, seine spirituelle Sehnsucht auf einen Guru oder Heiligen zu projizieren. Nun sind jene Wesen dieses Strahls hier, um dogmatisches Denken in der Religion zu transformieren, auf dass sich die bedingungslose Liebe manifestieren kann und sich durch sie alle Herzen wieder Gott zuwenden.

Maria Magdalena ist zur Meisterin dieses Strahls geworden, der während der letzten zweitausend Jahre der dominante Strahl auf Erden war. Mittlerweile verringert sich sein Einfluss. Maria Magdalena wurde auf den inneren Ebenen dazu trainiert, mit Heilung zu arbeiten. Während ihrer Inkarnation mit Jesus war sie seine spirituelle Partnerin.

Strahl 7

Dies ist der Strahl der Rituale, Zeremonien und der Magie. Dieser Strahl wird im Wassermannzeitalter dominieren und es ermöglichen, dass das Materielle und das Spirituelle miteinander verschmelzen.

Von **Lady Nada** wird gesagt, dass sie die Zwillingsflamme von Jesus ist. Sie steht dem siebten Strahl vor. Vorläufig hat sie noch einen Sitz im Vorstand der Herren des Karmas, doch darüber wird gerade neu entschieden.

Unter dem Einfluss dieses Strahls wird Lady Nada die Erinnerung an alte Heilungstechniken und heilige Weisheit stimulieren. Sie hilft den Menschen mit höchster Integrität dabei, Intuition und innere psychische Energien zu entwickeln.

Eines ihrer Leben könnte das der Elisabeth, der Mutter von Johannes dem Täufer, gewesen sein. Zu Lebzeiten Mohammeds förderte sie die islamische Kunst.

30. Kapitel

Aufgestiegene Meister, Strahlen 8–12

Die neuen Meisterstrahlen sind zur Erde zurückgekehrt

Meisterstrahlen sind Gottesenergien mit extrem hohen Frequenzen. Früher waren sie sogar mehr als doppelt so hoch, doch damals wurden diese Frequenzen missbraucht. Jetzt hat die Menschheit einen Reifegrad erreicht, der es Lichtarbeitern erlaubt, sich in die höheren Strahlen einzuklinken. Das Göttliche hat daher gestattet, dass etwas von der Energie der Meisterstrahlen wieder durchkommt und zum Wohle aller benutzt werden kann.

Strahl 8

Dies ist der Strahl tiefer Transformation und er wird im Neuen Zeitalter eine große Umwandlung bringen. Es ist wichtig zu verstehen, um was es bei dieser Umwandlung geht. Bisher betrachteten wir Veränderungen wie durch ein trübes Glas. Jetzt müssen wir sie durch ein klares Glas sehen, was die persönlichen und planetarischen Veränderungen signifikanter hervortreten lässt.

Die Farbe dieses Strahls ist topasblau.

Kumeka, Herr des Lichts, ist der Meister dieses Strahls. Er kam aus einem anderen Universum in dieses. Seine einzigen Channel-Medien waren Shaaron Hutton, die aus meiner

Monade stammt, und ich. Obwohl er vorrangig durch uns beide arbeitet, kann er mit Millionen von Menschen gleichzeitig arbeiten.

STRAHL 9

Dies ist der gelbe Strahl der Harmonie, der im Jahr 2001 auf diesem Planeten ankam. Er wird das Spirituelle und Geistige in der Menschheit harmonisieren. Es ist immer ein Problem dieser Welt gewesen, dass es uns nicht gelungen ist, das Spirituelle in uns mit dem Intellekt in Harmonie zu bringen. Bisher haben wir immer zu viel Ego entwickelt, sobald wir Intellekt besaßen.

Vosloo ist der Meister dieses Strahls. Seine Aufgabe ist es, das richtige Gleichgewicht zu bringen. Er besitzt umfassende Kenntnisse über Atlantis und die Fehler, die damals gemacht wurden. Er hat dafür zu sorgen, dass dieses Mal nicht dieselben Fehler geschehen.

STRAHL 10

Dieser Strahl traf gegen Ende des Jahres 2001 auf dem Planeten ein. Er befähigt die Menschen, auf bodenständige Weise den praktischen Zweck ihres Lebens herauszufinden. Dieser Strahl trägt Buddha-Energien und seine Farbe ist Zitrin (Gelborange).

Lord Gautama, ein Mensch von solcher Reinheit, dass er zum Buddha wurde, ist der Meister dieses Strahls. Siddhartha Gautama war ein Prinz, der allen Reichtümern entsagte, um seine eigene Wahrheit zu finden. In tiefer Meditation wurde er während eines Vollmonds im Jahr 544 v. Chr. zum Buddha. Dieser Vollmondtag ist mittlerweile als der Wesak-Mond bekannt. Der Buddha wurde zur Verkörperung von Weisheit und lehrte den Mittleren Weg.

In früheren Inkarnationen war er Orpheus, der Gründer der

griechischen Mysterienschulen. Neben Thot, dem ägyptischen Gott des Lernens, war er auch ein Hohepriester in Atlantis.

STRAHL 11

Dies ist der Strahl der Klarheit, Mystik und Heilung. Er traf gegen Ende des Jahres 2001 auf dem Planeten ein und seine Farbe ist ein strahlendes, sprühendes, tiefes Smaragdgrün.

Rakoczy ist der Meister dieses Strahls. Er war eine Inkarnation von Saint Germain. Rakoczy arbeitete für die Verbesserung der internationalen Beziehungen. Er versuchte auch, die Engstirnigkeit der Religionen auszumerzen. Eine seiner Aufgaben besteht darin, dabei zu helfen, dass der menschliche Körper einerseits die fortschreitende Vergiftung der Erde besser bewältigen und andererseits die jetzt zur Verfügung stehenden höheren Energien vermehrt aufnehmen kann.

Er strahlt aus seinem Herzzentrum eine sehr mächtige Energie aus.

STRAHL 12

Dies ist der Strahl der bedingungslosen Liebe, der im Jahr 2003 auf der Erde ankam. Die Farbe ist ein strahlendes, helles Kirschrot.

Kwan Yin, die das asiatische Gegenstück zu Mutter Maria ist, ist die Meisterin dieses Strahls, der die Energie des Göttlichen Weiblichen trägt. Zusammen mit Mutter Maria ist es ihre Aufgabe, die Frauen im Neuen Zeitalter zu stärken sowie die weibliche Weisheit der Männer zu fördern. Momentan repräsentiert sie im Karmischen Rat den sechsten Strahl, doch dies ändert sich gerade. Sie ist die Göttin der Barmherzigkeit und verkörpert die Tara-Energie. Sie hatte eine tausendjährige Inkarnation in China, in der sie als Göttin verehrt wurde.

31. Kapitel

Die Edelsteinstrahlen

Auf der Erde stehen jetzt höhere Energiestrahlen zur Verfügung, die besondere Informationen, Codes und Schlüssel enthalten und die Menschheit für höheres Verständnis öffnen. Man kann sich an diese Strahlen anschließen, indem man sie anruft und es ihnen erlaubt, das eigene Energiesystem anzufüllen. Jeder Strahl fühlt sich anders an und führt zu unterschiedlichen Reaktionen.

Die silbernen, goldenen und platinfarbenen Strahlen sind wundervolle Lichter. Die Meister wünschen, dass wir diese Strahlen anrufen und sie verankern, sodass wir die Energie tragen können, die sie repräsentieren. Dadurch können sich die Strahlen noch weiter auf der Erde ausbreiten.

Die rubin-, smaragd-, diamant- und saphirfarbenen Strahlen befähigen uns, uns mit den Erzengeln Uriel, Raphael, Gabriel und Michael zu verbinden. Wer sich die Zeit nimmt, sich zu entspannen und diese Strahlen anzurufen, wird seine Verbindung zu den höheren Ebenen stärken und den eigenen Aufstieg beschleunigen.

Der silberne Strahl bringt Gnade und Harmonie in Situationen. Er ist verschmolzen mit dem violetten Strahl der Transformation, um den Menschen und dem Planeten Barmherzigkeit und Entlastung zu bringen.

Der goldene Strahl ist ein Engels-Strahl. Wenn du dich mit dem Gold umgibst, beruhigt dies deine Aura, erhöht deine Frequenzen und die Engel können leichter mit dir in Kontakt treten.

Der goldene Strahl des Christus wirkt stark schützend. Er ist ein höherer Heilstrahl und bringt Weisheit und Liebe.

Der platinfarbene Strahl ist der Strahl der Freude und gerade dabei, sich in den Menschen zu verankern, die bereit sind, sich auf den Pfad des Aufstiegs zu begeben.

Beim Fall von Atlantis wurden bestimmte Delfine zu den Hütern der heiligen Weisheit und bewahrten diese über Äonen hinweg, bis die Menschheit einmal bereit sein würde, die Verantwortung für sie zu übernehmen. Diese Zeit ist jetzt. Viele hoch entwickelte Wesen aus Atlantis verkörpern sich jetzt erneut. Die Engel von Atlantis suchen die Menschen mit reinem Herzen, die sich genügend entwickelt haben, um diese esoterische Tradition zum Nutzen aller wieder auf der Erde zu etablieren.

Jene, die den platinfarbenen Strahl tragen, werden zu den Hütern des Planeten.

Der rubinfarbene Strahl besteht aus Purpur (das heißt aus Rot und Königsblau) sowie aus Gold. Wer sich mit diesem Strahl verbindet, kann Kanal für die Erzengel Uriel und Aurora sein.

Königsblau verleiht die Kraft, tiefe Weisheit und Wissen zu kommunizieren. Die Erzengel Uriel und Aurora können ihr Licht durch diese Farbe kraftvoll und leicht auf andere übertragen.

Das sanfte Gold enthält die uralte Weisheit, die aus einem friedvollen und gelassenen Zentrum strahlt. Rot gibt dem Physischen Energie und Stärke, damit es diese Kraftebene tragen und kommunizieren kann. Rot gibt die Energie, die zum Handeln gebraucht wird. Der Rubin ist die physische Form dieses Strahls.

Der smaragdfarbene Strahl besteht aus Grün, Blau, einem sanften Gold und einem durchsichtigen Violett. Er ist der Strahl des Gleichgewichts, des Vertrauens, der Heilung und der Weisheit. Die violette Schwingung hat die Kraft, die Menschen spirituell zu stärken. Dieser Strahl ist mit der Natur verbunden.

Das Blau der Maria bringt Heilung und Mitgefühl.

Wenn du dich an den smaragdfarbenen Strahl anschließt, bist du ein Kanal für Erzengel Raphael und für Maria. Der Smaragd ist die materielle Form dieses Strahls.

Der saphirfarbene Strahl besteht aus verschiedenen Blautönen, einem sanften Goldgelb, Magenta und einem sanften Blaugrün. Wenn du dich an diesen Strahl anschließt, wirst du zu einem Kanal für die Erzengel Michael und Faith. Die Blautöne verleihen die Fähigkeit zur Kommunikation auf einer höheren Ebene, Macht, Stärke und Heilung. Das sanfte Goldgelb enthält altes Wissen und Informationen. Der Hauch Magenta ist eine Andeutung des Göttlichen Weiblichen. Faith bringt das sanfte Blaugrün des Gleichgewichts. Der Saphir ist die materielle Form dieses Strahls.

Der diamantfarbene Strahl besteht aus Eisblau, durch das das Kristallweiß der Macht hindurchscheint. Wenn du dich an diesen Strahl anschließt, wirst du zum Kanal für die Erzengel Gabriel und Hope. Dies ist der Strahl der Reinheit, Ewigkeit und Klarheit. Er trägt Wahrheit, Ehre und göttlichen Zweck. Er ist ein reflektierender Strahl, der die Menschen in höhere Dimensionen trägt. Ein Diamant enthält die Energien von Erzengel Gabriel und Hope.

32. Kapitel

Eine Direktverbindung zur Spirituellen Hierarchie

Dies ist die neue Spirituelle Hierarchie, das Team, das den Planeten Erde ins Wassermannzeitalter führen wird.

Wenn du bestimmte Kristalle auf ein farbiges Tuch (aus natürlichen Materialien) legst, erschaffst du damit direkten Kontakt zu dem Meister, mit dem du dich verbinden willst. Zum Beispiel: Ein Bergkristall und ein Feuerachat auf einem gelben Tuch strahlen eine Energie ab, die von Meister Kuthumi und seinem Team empfangen wird. Auf diese Weise kannst du dich leichter mit ihm verbinden.

Falls du dich mit einem Meister verbinden willst, der schon einmal inkarniert war, sollte einer der Kristalle klar und einer undurchsichtig sein. Dies hilft dem Meister, sich zu erden. Wenn der Meister aber noch nie auf der Erde inkarniert war, wie z. B. Kumeka, Herr des achten Strahles, sollten beide Kristalle durchsichtig sein. Ein undurchsichtiger Stein würde ihn an die Erdenergie binden.

Lord Maitreya – Bergkristall und Moldavit auf einem gelben Tuch.

Kuthumi – Bergkristall und Feuerachat auf einem gelben Tuch.

Jesus Sananda – Zitrin und Tansanit auf einem gelben Tuch.

Saint Germain – Amethyst und grüne Jade auf einem gelben Tuch.

Dwjhal Kuhl – Blauquarz und grüner Smaragd auf einem gelben Tuch. Hier kommt es nicht darauf an, welcher von beiden Kristallen undurchsichtig ist.

Mutter Maria – Aquamarin und Wassermelonen-Turmalin auf einem blauen Tuch.

Theresa von Avila – Bergkristall und Goldtopas (undurchsichtig) auf einem dunklen, smaragdgrünen Tuch.

Heilige Katharina von Siena – Ametrin und undurchsichtiger Saphir auf einem orangefarbenen Tuch.

Heilige Klara – Bergkristall und violetter Muskovit auf einem gelben Tuch.

Strahlen 1–12

El Morya – Saphir und Sonnenstein (orange und braun) auf einem weißen Tuch.

Lanto – Aquamarin und gelber Labradorit auf einem orangefarbenen Tuch.

Paul der Venezianer – Amethyst und Sodalit auf einem violetten Tuch.

Serapis Bey – Bergkristall und Turmalin nach Wahl auf einem violetten Tuch.

Hilarion – Bergkristall und Tektit auf einem blauen Tuch.

Maria Magdalena – Bergkristall und blauer Beryll auf einem blauen Tuch.

Lady Nada – Amethyst und grüne Jade auf einem rosafarbenen Tuch.

Kumeka – klarer Topas und Bergkristall auf einem leuchtenden blaugrünen Tuch.

Vosloo – klarer Phenakit und Azurit (undurchsichtig) auf einem dunkelblauen Tuch.

Lord Gautama – Danburit und Türkis (undurchsichtig) auf einem weißen Tuch.

Rakoczy – Bergkristall und Unakit auf einem indigofarbenen Tuch.

Kwan Yin – Rubin und Goldkalzit auf einem leuchtenden smaragdgrünen Tuch.

33. Kapitel

Noch mehr grosse Meister

Neben den bereits vorgestellten Meistern, die den Planeten fördern, gibt es noch viele weitere Meister und Lichtwesen, die uns auf unserer Erde unterstützen. Hier folgen einige, die du um Hilfe bitten kannst.

Sanat Kumara war der planetarische Logos und äonenlang für die Erde zuständig. Es wird gesagt, dass Sanat Kumara freiwillig seine Heimat Venus verließ, um uns weiterzuhelfen, als die Erleuchteten an der Erde verzweifelten und das Experiment des Lebens in der dritten Dimension aufgeben wollten. Er war auch der Größte der Avatare. Er überwachte den Pfad des Aufstiegs und viele Lichtarbeiter haben sich mit ihm verbunden. Er hat seine Arbeit nun Lord Maitreya übergeben und selbst neue Aufgaben auf der Venus übernommen. Wenn du fühlst, dass du immer noch eine Verbindung mit Sanat Kumara hast, dann bin ich sicher, dass er nach wie vor mit dir und durch dich arbeitet. Er hat die Größe, dies alles zu bewerkstelligen.

Vyvamus ist das Höhere Selbst von Sanat Kumara. Er ist der Universale Logos und für das ganze Universum zuständig. Er ist ein unvorstellbar großes Wesen. Mit Djwhal Khul begann er die Tibetan Foundation, die esoterische Wahrheit enthüllte. Teil seiner Arbeit auf Erden ist es, uns dabei zu helfen, alle mentalen Missverständnisse und Glaubenssätze aufzulösen.
Du kannst ihn anrufen, damit er mit seinen Lichthänden durch deinen Körper oder dein Haus geht, um alle unerwünschten

Energien auszutreiben. Er wird dies für dich tun und alles andere, das du willst.

Adonis war der Lehrer von Sanat Kumara während dessen Einweihungen. Dieses mächtige Wesen umfasst das ganze Universum und kann auch heute noch angerufen werden.

Pallas Athene repräsentiert den vierten Strahl der Harmonie durch Konflikt im Karmischen Rat. Sie trägt die Eigenschaft der Integrität für alle Wesen der Erde und hilft jenen, die die Wahrheit verbreiten. In Atlantis war sie Hohepriesterin und in Lemurien eine der wichtigsten Beraterinnen.

Mohammed war der Begründer des Islam. Aus den Lehren, die ihm von Erzengel Gabriel gegeben wurden, entstand der Koran. Der Koran lehrt, dass es nur einen Gott gibt, der auch der Gott der Christen und Juden ist. Die Sufis sind ein esoterischer und mystischer Zweig des Islam.

Melchizedek ist Haupt der Melchizedek-Priesterschaft und vermittelt durch geeignete Personen seine Botschaften, wie Licht richtig anzuwenden ist. Er war der spirituelle Lehrer von Abraham, der die jüdische Religion begründete. Es wird gesagt, dass Jesus Christus Hohepriester im Orden des Melchizedek war. Wenn in dieser Bruderschaft jemand die Erleuchtung erfährt, wird er ein Melchizedek genannt.

Babaji wird auch der todlose Avatar genannt, da er seit Jahrtausenden Menschen erscheint und stets aussieht, als wäre er sechzehn Jahre alt. Es wird gesagt, er sei so rein und machtvoll, dass schon allein das Aussprechen seines Namens Segen bringe. Yogananda gehört zu seiner Linie.

Ashtar ist Kommandeur der Intergalaktischen Flotte, die in der Nähe der Erde stationiert ist, um uns zu helfen. Sie besteht aus hoch entwickelten Wesen, die für das Licht arbeiten. Unter

Ashtars Kommando wird viel Licht aus den Raumschiffen zu den Menschen geschickt. Er ist einer der Beschützer unseres Planeten und arbeitet in allen Universen. Ashtar gehört zur Hierarchie der Großen Zentralsonne.
Viele Leute können die Raumschiffe sehen, die unter seinem Kommando stehen. Ich selbst habe mit einigen Menschen gesprochen, die im Wach- wie im Traumzustand auf die Schiffe gebracht wurden, um angeleitet zu werden.

34. Kapitel

Aufstiegskammern

Im ätherischen Bereich der Erde, mit anderen Worten im Äther um den Planeten und in den Galaxien gibt es Aufstiegs- oder Lichtkammern. In Meditation oder im Schlaf können wir sie besuchen. Während wir dort sind, halten wir uns in der Energie des Meisters auf, dem die Kammer untersteht. Unser Licht wird sich verstärken und unser physischer, mentaler, emotionaler und spiritueller Körper gestärkt und ausgerichtet.

Wenn wir diese Kammern in unseren Träumen oder Meditationen besuchen, können wir unser spirituelles Wachstum enorm beschleunigen.

Ich hörte von den Lichtkammern zum ersten Mal in Joshua David Stones Buch *The Complete Ascension Manual*. Ich war davon so begeistert, dass ich fortan nun jede Nacht darum bat, eine dieser Kammern besuchen zu dürfen.

Als ich mit Kumeka darüber sprach, schlug er vor, dass ich Lord Kuthumis Kammer im ätherischen Bereich über Machu Picchu besuchen solle. Sie ist der Erde nah und deshalb leicht zu erreichen. In dieser Lichtkammer werden Verständnis und Verstehen gefördert.

Menschen, die wirklich Inspiration wünschen, stellt Lord Kuthumi auch einen »Lehr«-Aschram im ätherischen Bereich über Kaschmir zur Verfügung. Sobald ich darum gebeten hatte, nachts zu Kuthumis Aschram in Machu Picchu kommen zu dürfen, erwachte ich in den frühen Morgenstunden mit Träumen und tiefen Eindrücken.

- *Kumeka erklärte mir, dass man eine Aufstiegskammer besucht und Wichtiges erfahren und gelernt hat, wenn man mit einem Traum aufwacht.*

Es ist ein Zeichen dafür, dass etwas Neues in dir entsteht.

Hier sind einige Notizen, die ich mir nachts nach meinen Besuchen gemacht habe.

> *Wieder einmal bin ich voller Freude und Frieden erwacht. Zeit hat einen gleichen Wert. Niemand ist mehr wert als ein anderer.*

Viele Jahre lang hatte ich die Vision, eine spirituelle und ökologische Gemeinschaft aufzubauen. Eines Nachts wurde mir Folgendes im Traum übermittelt:

> *Trenne dich von denen mit unentwickeltem Bewusstsein und befasse dich nicht mit ihnen. Lass sie von deinem Licht lernen. Du wirst die Gemeinschaft »Village Community 2000« erschaffen und das Motto deiner Gemeinschaft wird sein: »Wir wachsen im Dienst.« Wenn wir in der fünften Dimension sind, wird der Himmel bei uns auf Erden sein.*

Jede Nacht erwachte ich mit einem Gefühl von Freude, Führung, Bestätigung und neuen Informationen über die Gemeinschaft. Dies schrieb ich einige Nächte später auf:

> *In meinem Geiste zeichnete ich den Umriss eines Sterns oder einer Blume und ich atmete entlang der Linien ein und aus. Dies ist Teil des Manifestierungsprozesses. Wir wurden von Kuthumi selbst unterrichtet.*

Wir beschlossen, uns die »Gemeinschaft Sternenzentrum« zu nennen. Zu einem späteren Zeitpunkt wird sie in »Sternendorf« umbenannt werden.

In der folgenden Nacht schrieb ich um zwei Uhr:

Ich erwachte mit einer Sternenform, die summte und blitzte. Dies ist die Gemeinschaft. Die Meister schenken mir Stärke und Inspiration. Sie kommen bereits in das Dorf in der fünften Dimension. Ich fühle, dass sie Symbole lehren. Symbole werden eine sehr wichtige Methode sein, Informationen weiterzugeben, genau wie Plakate mit inspirierenden Texten, in denen Symbole eingearbeitet sind, damit die vielen Besucher sie sehen können. Rote Blumen energetisieren die Aktivität eines Symbols. Jede symbolische Botschaft wird eine Farbe haben, die sie energetisiert, und in Blumen werdet ihr diese Farben sehen können. Im Dorf wird Schöpferkraft wichtig sein. Ein starkes Team wird aktiviert, obwohl einige noch zögern aufzuwachen.

Zwei Nächte später wachte ich auf und hatte heilige geometrische Formen in meinem Kopf und ich hörte Engel singen.

Ein anderer Eintrag:

Ich wachte auf und war gerade dabei, wieder einzuschlafen, als mich eine schrille Pfeife wieder aufweckte. Sie sagten: »Du solltest nicht zurückkommen, es wird dich verwirren.« Ich sehe immer noch die Schönheit des Himmels, des Sternenzelts. Wir hörten einen Vortrag über Pyramiden. Diese Nachtarbeit ist so wichtig, dass ich früher zu Bett gehen muss.

Ein anderes Mal wurde mir nachts etwas Erstaunliches erklärt:

»Das Konzil der Zwölf, das die Gemeinschaft führen wird, wird gemeinsam ein Licht erschaffen, das 500 000-mal größer ist als die einzelnen Lichter. Ihr werdet einen Kraftwirbel aus Licht erschaffen. Ihr bekommt alle Schlüssel zum Aufstieg. Was wir euch geben werden, ist der Meisterschlüssel, mit dem ihr vielen Menschen beim Aufstieg helfen könnt.«

Eines Tages sagte mir Kumeka, dass die Besuche in Kuthumis Aschram über Machu Picchu gut seien, das Licht zu verstärken, dass es jedoch für mich auch wichtig wäre, Erzengel Gabriels Aschram zur Reinigung zu besuchen. So hörten diese Träume mit den Informationen über die Gemeinschaft auf, da ich nun etwas anderes tun sollte.

Kumeka selbst hat ein Kraftzentrum im ätherischen Bereich über Caracas in Venezuela. Dort hilft er Suchenden, begrenzende Glaubenssätze loszulassen, Reinigung auf einer höheren Ebene zu erfahren und Freude zu finden. Er ist unglaublich kraftvoll und es ist wundervoll, dass seine Energie endlich auf unseren dunklen Planeten gelangen kann.

In Großbritannien gibt es zwei Lichtkammern. Eine ist über dem Findhorn-Fluss und wird von Erzengel Gabriel überwacht, die andere ist über Avebury.

Wenn du schon einmal physisch an einem Ort warst oder du dich an einen bestimmten Ort sehnst, dann ist das ein Zeichen dafür, dass du mit der Aufstiegskammer an jenem Ort und dem Meister, der diese Kammer überwacht, verbunden bist. Ein paar Monate, bevor Kumeka mir vorschlug, Kuthumis Aschram in Machu Picchu zu besuchen, verbrachte ich einen Urlaub in Peru und besuchte diesen heiligen Ort der Inka.

Hier sind einige andere Aufstiegskammern, die dich vielleicht anziehen:

- Sanat Kumara hat eine Aufstiegskammer in Shambhala.
- Serapis Bey hat eine in Luxor.
- Es gibt einen Aufstiegssitz in der Königskammer der Großen Pyramide von Gizeh.
- Es gibt einen auf dem Mount Shasta in Kalifornien.
- Kommandant Ashtars Raumschiff ist eine Aufstiegskammer. Es gibt auch eine in einem unterirdischen Raumschiff in Afrika.

Versuche zuerst die Kammern zu besuchen, die mit der Erde verbunden sind, bevor du zu den galaktischen reist.

ÜBUNG – BESUCH EINER AUFSTIEGSKAMMER:

1. Am Tag vor deinem Besuch bereite dich mit reinen Gedanken, leichten Mahlzeiten und klarer Absicht vor.
2. Lege Notizpapier und einen Schreibstift neben dein Bett, damit du eventuell Eindrücke oder Botschaften aufschreiben kannst.
3. Wenn du schlafen gehst, halte den Gedanken fest, dass du eine Aufstiegskammer deiner Wahl besuchen möchtest, und bitte darum, dass du dorthin gebracht wirst.

Du kannst auch darum bitten, in Meditation eine Aufstiegskammer besuchen zu können.

35. Kapitel

Invokationen

Einer der kraftvollsten Wege, göttliche Energie hereinzubringen, sind Invokationen. Wenn du sie mit der richtigen Haltung und mit Bestimmtheit ausführst, fühlst du, wie dich das Licht des Wesens, das du angerufen hast, sanft umhüllt. Je mehr Erleuchtete und Engel du anrufst, umso außergewöhnlicher wird die Schwingung sein, die du erfährst.

Meditation oder ein kleines Ritual sind wundervolle Voraussetzungen für eine hohe Energie und garantieren, dass die Resultate von reinster Qualität sind.

Wenn du z.B. eine Heilungszeremonie machen möchtest, dann rufe Maria, Erzengel Raphael, Serapis Bey, Lady Nada und Dwjhal Kuhl. Sie sind alle besonders auf Heilungsstrahlen eingestimmt. Wenn du ein Musikstück komponieren oder spielen, oder vielleicht ein schönes Bild malen möchtest, rufe Paul, den Venezianer.

Oder vielleicht möchtest du lieber still sitzen und die Energie eines jeden Meisters oder Engels anrufen, der dir einfällt. Tust du es mit der richtigen Absicht, mag es sein, dass dich die Resultate erstaunen werden. In einer Gruppe durchgeführt, kann z.B. jede Person eine Kerze anzünden und eine Wesenheit anrufen. Dies ist eine erleuchtende Erfahrung. Alles, was du sagen musst, ist: »Ich rufe ... an.«

Vor einiger Zeit sprach ich mit einem jungen Mann, der mir erzählte, dass er und seine Freundin einmal bei einem Waldspaziergang um einen Segen baten. Sie riefen abwechselnd einen Meister oder Engel an und fühlten, dass etwas Machtvolles im Gange war. Als sie fertig waren, schauten sie in den Himmel und sahen eine Wolke, die die Form eines Engels hatte. So wussten sie, dass sie gesegnet waren.

Hier folgt eine schöne und schützende Invokation. Sie wird dir helfen, dich auf die Energie der Erzengel auszurichten und sie in deine Aura zu bringen.

Invokation und Meditation für die Erzengel

Ich rufe den mächtigen Erzengel Michael an meine rechte Seite. Ich bitte ihn, Mut und Stärke über mich zu ergießen und meine Bestrebungen zu einem guten Ende zu führen. Ich bitte darum, mich mit seinem Schwert von allen negativen Banden und Abhängigkeiten zu befreien. Ich bitte ihn, das dunkelblaue Gewand des Schutzes über mich zu breiten, sodass nur das, was aus höchstem und reinstem Licht ist, in meine Aura treten kann.

Mach hier einen Moment Pause, damit Erzengel Michael seine Arbeit tun und dir alles, was er will, mitteilen kann.

Ich rufe den mächtigen Erzengel Gabriel mit seinem reinweißen Strahl an meine linke Seite. Ich bitte darum, dass er seine reinweiße Energie in meine Aura ergießt und mir Führung für den nächsten Schritt auf meinem Weg gibt. Ich bitte darum, dass die Symbole meiner Lebensmission jetzt erleuchtet und aktiviert werden. Bitte bringe Freude, Gnade, Klarheit, Verstehen, Großzügigkeit und Ordnung in mein Leben.

Mach hier einen Moment Pause, damit Erzengel Gabriel seine Arbeit tun und dir alles, was er will, mitteilen kann.

Ich rufe den mächtigen Erzengel Uriel, damit er vor mir steht und meine Aura mit seinem purpurfarbenen und goldenen Strahl der Weisheit und des Friedens erfüllt. Hilf mir, alle Konflikte in mei-

nem Leben zu besänftigen und sie durch Gelassenheit und Brüderlichkeit zu ersetzen. Bitte befreie mich von all meinen mentalen und emotionalen Ketten und von allen Ängsten.

Mach hier einen Moment Pause, damit Erzengel Uriel seine Arbeit tun und dir alles, was er will, mitteilen kann.

Ich rufe den mächtigen Erzengel Raphael vom grünen Strahl, dass er hinter mir stehe. Ich bitte darum, dass er Heilung und Fülle in mich ergieße. Ich bitte um Schutz auf meinen Reisen und darum, dass ich von Gerechtigkeit, Wahrheit und Weitblick erfüllt sein möge.

Mach hier einen Moment Pause, damit Erzengel Raphael seine Arbeit tun und dir alles, was er will, mitteilen kann.

Ich rufe den mächtigen Erzengel Chamuel des rosafarbenen Strahls, damit er die Flamme der Liebe in meinem Herzen vergrößere. Bitte hilf mir, Mitgefühl und Vergebung für mich selbst zu finden und für jeden, den ich jemals geschädigt habe – wissentlich oder unwissentlich. Ich bitte darum, dass mein Herz auf persönlicher und kosmischer Ebene geöffnet sein möge.

Mach hier einen Moment Pause, damit Erzengel Chamuel seine Arbeit tun und dir alles, was er will, mitteilen kann.

Ich rufe den mächtigen Erzengel Jophiel, damit er das goldene Licht der Weisheit und Erleuchtung über mein Kronenzentrum in mich ergießt. Ich bitte darum, dass seine Weisheit meinen Geist erhellt und inspiriert und mir dabei hilft, auf höchster Ebene zu lernen und zu lehren. Ich bitte darum, dass die Symbole der Weisheit, die ich über meine Inkarnationen hinweg angesammelt habe, jetzt erleuchtet und aktiviert werden.

Mach hier einen Moment Pause, damit Erzengel Jophiel seine Arbeit tun und dir alles, was er will, mitteilen kann.

Ich rufe den mächtigen Erzengel Zadkiel der Violetten Flamme der Barmherzigkeit, der Freude und Umwandlung, damit er die Violette Flamme in meine Aura ergießt. Ich bitte darum, dass all meine Negativität befreit und aufgelöst und durch Freude, Toleranz und Taktgefühl ersetzt wird.

Mach hier einen Moment Pause, damit Erzengel Zadkiel seine Arbeit tun und dir alles, was er will, mitteilen kann.

Deine Aura ist nun von der Energie der Erzengel erfüllt und du bist mit deiner mächtigen ICH-BIN-Gegenwart verbunden. Du bist gesegnet.

36. Kapitel

Verfügungen

Die universale Energie ist unpersönlich. Sie steht hundertprozentig hinter dir. Wenn du jammerst und wenig erwartest, wird sie dir helfen, Mangel in deinem Leben zu erschaffen. Wenn du stark, klug und enthusiastisch bist und große Dinge erwartest, wird die Quelle dich versorgen, Türen für dich öffnen und dir Gelegenheiten bieten, diese großen Dinge zu erschaffen.

Wie oben, so unten. Wenn ein Kind seine Eltern um etwas bittet, aber daran glaubt, dass sie Nein sagen werden, verbaut es sich eine Möglichkeit. Viele Menschen glauben, dass dies Gebet ist: Gott um etwas bitten, aber unbewusst glauben, dass er Nein sagen wird. Um etwas bitten enthält die Möglichkeit der Ablehnung. Dies ist nicht Beten. Dies ist hoffen oder wünschen.

Wenn jemand klar entscheidet, was er oder sie möchte, dazu einen Vorschlag ausarbeitet, diesen seinem Sponsor vorlegt und dabei Unterstützung und Zustimmung erwartet, dann wird er alles empfangen, was er braucht, um seinen Plan verwirklichen zu können. Genauso reagiert Gott auf deine Energie und hilft, dein Leben mitzuerschaffen. Gebet ist also, Gott mitzuteilen, was du brauchst, und daran zu glauben, dass du es erhältst.

Beten hat noch einen weiteren Aspekt. Während du auf die Erfüllung wartest, wird von dir erwartet, dass du dich so verhältst, als wäre der Wunsch bereits erfüllt worden. Dies ist Glauben! Stell dir vor, du hast dir in einem Laden neue Vorhänge bestellt. Während du auf sie wartest, putzt du die Fenster, damit du die Vorhänge gleich aufhängen kannst. Du handelst, als wüsstest du, dass die Vorhänge bald eintreffen.

Das Gesetz der Verfügung ist dem Gesetz des Gebetes ähnlich. Doch statt etwas zu bestellen und darauf zu warten, dass es eintrifft, ordnest du als Meister etwas an. Du rufst den Direktor selbst an und deine Bestellung wird sofort ausgeführt werden. Wenn du etwas anordnest, befiehlst du den universalen Energien, in deinem Auftrag zu arbeiten.

Eine andere Analogie zeigt dir, was gemeint ist: Ein Soldat geht mit einem guten Plan zu seinem Offizier und bereitet alles vor, um das Okay zu empfangen. Das ist Gebet. Ein Kommandant erteilt Befehle, denen nur der König selbst widersprechen könnte. Das ist eine Verfügung.

Wenn wir uns auf der Erde inkarnieren, haben wir zugestimmt, unser Leben selbst gestalten zu können, indem wir das Recht der Verfügung anwenden. Wenn du dieses Gesetz aktivierst, setzt du große Kräfte in Bewegung. Große Wesenheiten handeln in deinem Auftrag. Berge werden bewegt. Es ist eine schnelle und kraftvolle Art, Hilfe von den Lichtkräften zu bekommen.

Es ist so kraftvoll, dass du vorsichtig sein musst und Verfügungen nur für Dinge verwendest, die deinem höchsten Wohl und dem höchsten Wohl von anderen dienen. Wenn du etwas anordnest, wird Bewegung in dein Leben kommen. Wenn sich jedoch Berge bewegen sollen, müssen kleine Hügel, die im Wege sind, weggeräumt werden.

Schon oft habe ich Menschen gefragt, ob sie das »Dein Wille geschehe« in ihrem Leben akzeptieren würden. Einige reagierten mit Panik. Diese Menschen dachten wohl, dass die Konsequenzen daraus nur komisch oder traurig sein könnten. Doch warum wollen wir den Weg des Aufstiegs gehen, wenn unser Wille nicht mit dem Göttlichen Willen übereinstimmt?

Eine Frau erzählte mir einmal, dass sie und ihre Mutter seit vielen Leben Machtkämpfe ausfochten und dass es jetzt, koste es, was es wolle, Zeit wäre, damit aufzuhören. Sie ordnete an, dass die Beziehung zu ihrer Mutter geheilt werden würde. Später schrieb mir die Frau, dass sie zweimal um die Welt geflogen ist, um ihre Mutter zu treffen. Dies hatte sie allerdings mit ihrer Verfügung nicht beabsichtigt. Zu ihrer Freude waren sie und ihre Mutter sich jedoch sehr nahe und verstanden sich endlich.

Ein Mann verfügte, dass seine hellsichtigen und spirituellen Talente nun zu ihm zurückkehren. Er blühte auf wie eine Blume. Ich hätte gerne eine ähnliche Verfügung getroffen, doch ich zögerte. So fragte ich Kumeka und er schlug diese Übung vor, bevor man eine Verfügung treffe:

Übung – Das Dritte Auge reinigen:

1. Forme mit deinen Händen zwei Schalen und stelle dir vor, dass sie mit goldenem Licht gefüllt werden.
2. Halte die Schalen über deine Augen, wie ein Augenbad.
3. Während du deine Augen in der goldenen Energie badest, ordne an, dass alle negative Energie aus dem Dritten Auge gelöst und ins Licht entlassen wird.
4. Stelle dir vor, wie die Linse des Auges getrocknet und poliert wird, damit du klar sehen kannst.

Wenn du bereit bist, dann ist das Universum für dich da und schubst dich vorwärts. In einem meiner Seminare verfügte eine Frau, sie wolle ihre Begabungen gerne in den Medien ausüben. Ein paar Wochen später bekam sie einen Anruf von einer Fernsehanstalt. Obwohl sie völlig unbekannt war, bat man sie darum, ein Fernsehprogramm zu moderieren.

Da wir nur einen Teil des gesamten Bildes sehen können, ist es aufgrund der Kraft des Gesetzes der Verfügung weise, es immer unter dem Gesetz der Gnade anzuwenden. Deine Absicht mag zwar rein sein, doch sehen wir auf der Erde nur einen kleinen

Teil des Ganzen. Das Gesetz der Gnade stellt sicher, dass alles, was passiert, dem höchsten Wohl von allem dient. Außerdem erlaubt es, dass sich die Lichtkräfte über deine Verfügung hinwegsetzen, wenn etwas noch Besseres geschehen kann. Das Gesetz der Gnade ist quasi dein Hintertürchen.

Du hast z. B. direkt mit dem Geschäftsführer telefoniert und darauf bestanden, etwas zu bekommen. Gnade stellt sicher, dass der Geschäftsführer daran denkt, dass in Kürze etwas noch Besseres auf den Markt kommt. Er wird dir dann das bessere Produkt schicken, selbst wenn du eine kleine Verzögerung in Kauf nehmen musst. Wenn du Gnade anwendest, stellst du sicher, dass du und andere das bekommen, was am besten ist. Genauso könntest du als Oberbefehlshaber deinen Truppen befehlen, sich zu rüsten, während der König weiß, dass in Kürze eine Vereinbarung unterschrieben wird, die eine völlig andere Handlungsweise nötig macht. Mache also deine Verfügungen nur unter dem Gesetz der Gnade.

Du wirst nichts erreichen, wenn du den Geschäftsführer anrufst und ihm vorjammerst, dass du gerne etwas haben möchtest. Deine Truppen würden das Vertrauen in dich verlieren, wenn du Anordnungen träfest, denen du selbst nicht vertraust. Deine Worte müssen mit Autorität und unmissverständlich gesprochen werden.

Mache deine Verfügungen nach den spirituellen Gesetzen dreimal.

Beispiele:

- »Durch göttliche Verfügung, im Namen Gottes und unter dem Gesetz der Gnade bitte ich darum, dass .... So sei es.« (Wiederhole dies dreimal.)
- »Durch göttliche Verfügung, im Namen der Liebe und des Lichts und unter dem Gesetz der Gnade befehle ich, dass .... Es ist geschehen.« (Wiederhole dies dreimal.)

Wenn du deine Verfügung getroffen hast, lass sie völlig los. Du musst sie nicht wiederholen. Wenn es zum höchsten Wohl aller ist, werden die spirituellen Kräfte deinen Wunsch ermöglichen. Halte nach Zeichen Ausschau. In der Zwischenzeit freue dich des Lebens!

Übung:

Verfüge, dass der Göttliche Wille in deinem Leben geschehe. Für diese Verfügung brauchst du das Gesetz der Gnade nicht!

1. Stelle dich vor einen Freund oder, noch besser, vor eine Gruppe.
2. Dein Kopf ist aufrecht und deine Schultern sind gerade. Du befiehlst dem Universum.
3. Sage laut und mit Autorität: »Im Namen Gottes und von allem, was Licht ist, ordne ich jetzt an, dass dein Wille in meinem Leben geschehe.« Wiederhole dies zweimal.
4. Treffe andere Verfügungen, für die du bereit bist.

37. Kapitel

Die Macht deines Namens

Klang

Jeder Klang besitzt eine Schwingung, die deinen Körper und deine Umgebung aktiviert. Sie ruft außerdem eine Reaktion in der geistigen Welt hervor.

Bevor du geboren wurdest, traf sich deine Seele mit deinen Führern und Schutzengeln. Möglicherweise waren auch einer der Aufgestiegenen Meister und ein Erzengel zugegen. Grund des Treffens war es, die Lektionen zu besprechen, die deine Seele auf der Erde lernen wollte. Falls du ein Lichtarbeiter bist, wurde möglicherweise auch darüber gesprochen, was du lehren und wie du am besten dienen kannst.

Damit du die richtige Schwingung tragen kannst, wurde dein Name sorgsam ausgesucht und dann deinen Eltern telepathisch übermittelt, damit sie dir den für deine Mission angemessenen Namen geben konnten.

Manche Menschen können nur mit einem Teil ihrer Lektionen umgehen und benutzen einen Spitznamen oder abgekürzten Vornamen – besonders in der Kindheit. Im Erwachsenenalter nehmen sie die volle Mission ihrer Seele an, indem sie ihren vollen Namen benutzen. Auch dein Nachname ruft Erfahrungen für dich herbei. Jedes Mal, wenn du deinen Namen veränderst, veränderst du dich.

Die Schwingung deines Namens enthält, wenn er gesprochen wird, deine Lektionen, deine Mission und die Essenz deines Schicksals. Jedes Mal, wenn dein Name erklingt, zieht er die von deiner Seele erwählten Erfahrungen an. Deshalb ist es wichtig, den Namen einer Person immer liebevoll auszusprechen. Wenn dein Name in Verärgerung ausgesprochen wird, kann es ungünstig sein, denn dadurch wird dir der Eindruck vermittelt, dass dein Schicksal schwierig ist. Daher ist es besonders wichtig, den Namen von Kindern liebevoll auszusprechen.

Es ist wirklich eine befreiende und heilsame Erfahrung, deine Freunde zu bitten, dass sie deinen Namen liebevoll aussprechen mögen.

Hier folgt eine Liste mit den Bedeutungen, die im Klang von verschiedenen Buchstaben verborgen liegen. Buchstaben, die nicht gesprochen werden, rufen ebenfalls Menschen und Situationen herbei, aber in geringerem Maß. Um die Lektion zu verstehen, die dir dein Name bringt, berücksichtige vor allem, wie er phonetisch klingt.

DIE KLÄNGE DER BUCHSTABEN DEINES NAMENS

Seelenqualitäten, die sich als Seelenaufgabe ausdrücken:

a	Reinheit	rein bleiben
b	Sachlichkeit	solide und geerdet sein
c	Vitalität	auf die Gesundheit achten
d	Großzügigkeit	geben
e	Ehrlichkeit in Beziehungen	durch Beziehungen lernen
f	Macht verbunden mit Weisheit	Macht richtig ausüben
g	Hilfsbereitschaft	dich selbst und andere physisch, mental, emotional und spirituell unterstützen
h	nähren	dich selbst und andere nähren und schützen
i	Selbstwahrnehmung	dich selbst verstehen
j	Führerschaft	deine Würde ausdrücken
k	lehren	Wissen mit Weisheit vermitteln

l	mentale Stärke	mental stark sein
m	Weisheit	Situationen von einer höheren Perspektive sehen
n	Zentriertheit	mit dem Leben fließen und im Gleichgewicht bleiben
o	Integrität	mit Integrität handeln
p	Festigkeit, Leistungsfähigkeit	leistungsfähig sein
q	Offenheit	offen und ehrlich sein
r	ehrliche Kommunikation	deine Wahrheit kommunizieren
s	Vertrauenswürdigkeit	vertrauenswürdig sein
t	Zufriedenheit	zufrieden sein
u	Verständnis	dein Göttliches Selbst kennen
v	wahre Macht	deine Stärke mit Bedacht anwenden
w	Mitgefühl/ Offenherzigkeit	deinem offenen Herzen erlauben zu scheinen
x	weiser Lehrer	heiliges Wissen lehren
y	Leichtigkeit/Reinheit	Engelsqualitäten ausdrücken
z	Weisheit	dein inneres Wissen bewahren
ch	Schutz	dich selbst und andere achten und schützen
sch	innere Schönheit	deine innere Schönheit ausdrücken

Übungen:

- Singe laut und liebevoll deinen Namen mit so viel Hingabe wie möglich.
- Singe liebevoll deinen Namen und schaue dir dabei in einem Spiegel in die Augen.
- Noch besser ist es, wenn jemand anders deinen Namen liebevoll singt. Haltet dabei Augenkontakt und bleibt so offen wie möglich.

38. Kapitel

Die Antakarana

Stelle dir Kontinente vor, die durch Ozeane getrennt sind. Auf einem Kontinent befindet sich die Persönlichkeit und auf dem nächsten Kontinent ist die Seele oder das Höhere Selbst des Menschen. Wenn sich die Persönlichkeit nicht für ein spirituelles Leben interessiert, wandert sie isoliert auf ihrem Kontinent herum. Wenn sie jedoch den Weckruf hört, wird sie sich mit ihrer Seele verbinden wollen. Dann beginnt sie, eine Brücke über den Ozean zu bauen und eine Telefonleitung zu legen. Dies geschieht durch spirituelles Leben.

Nun hört die Seele zu und prüft, ob es die Persönlichkeit auch ernst meint. Wenn die Seele Fortschritte im Brückenbau sieht, beginnt sie ebenfalls, von ihrer Seite aus eine Brücke zu bauen, damit sich beide Teile treffen können.

Wenn die Seele und die Persönlichkeit zusammengekommen sind, ist ihre gemeinsame Absicht, mit der Monade Kontakt aufzunehmen. Nun beginnen sie zusammen, eine Brücke zur Monade zu bauen, und das Gleiche passiert nun wieder. Sobald sie ihre Ernsthaftigkeit gezeigt und den Brückenbau begonnen haben, beginnt die Monade (oder der Vater) ihrerseits zu bauen, um die Seele und die Persönlichkeit zu treffen. Wenn sie sich treffen, verschmelzen sie. Dies ist Aufstieg.

Dann baut der Aufgestiegene Meister natürlich eine Brücke zu Gott.

Die Antakarana ist also die Regenbogenbrücke zwischen der Persönlichkeit und der Seele, der Seele und der Monade und der Monade und Gott. Sie wird gebaut durch Gebet, geistige Disziplin, Visualisation, Meditation und andere spirituelle

Übungen. Das Anrufen der Mahatma-Energie beschleunigt den Prozess.

Wenn der Jünger den Verbindungsfaden zur Seele stärken möchte, ist es die spirituelle Schwingung seiner Bemühungen, die den Faden kräftigt. Zuerst muss der physische, emotionale, mentale und spirituelle Körper integriert sein. Mit anderen Worten: Unser Hauptaugenmerk liegt nicht mehr auf rein physischer und materieller Befriedigung oder sinnlichen Vergnügungen. Wir fangen an, unsere Emotionen zu kontrollieren. Wir wenden unsere Willenskraft auf Selbstdisziplinierung statt auf Machtkämpfe mit anderen an. Wir haben Interesse, spirituelles Wissen zu erwerben.

Wenn unser Verlangen, gottverwirklicht zu sein, wichtiger geworden ist als die Versuchungen des Lebens, wenn uns andere Menschen nicht mehr vom spirituellen Weg abhalten können, dann sind wir auf dem Weg und die Brücke baut sich in Richtung Seele auf.

Die Seele ist durch ein Band immer mit der Zirbeldrüse des Schülers verbunden. Das Band ist eine geistige und spirituelle Verbindung und wird durch Wissen und rechten Gebrauch des Verstandes gestärkt.

So wie es immer ein Band von der Seele zum Jünger gibt, so verbindet die Silberschnur unsere Monade mit unserem Herzzentrum. Die Silberschnur wird durch spirituelle Liebesenergie aktiviert und gestärkt. Hellsichtige sprechen immer davon, dass der Tod eintritt, wenn die Silberschnur reißt. Erst dann kann der Geist zum Göttlichen Licht – zur Monade – zurückkehren.

Während der vierten Einweihung verschmilzt die Seele mit der Persönlichkeit, die dann von der Monade geführt wird. Bei der fünften Einweihung verschmelzen die drei Seilbrücken miteinander und bilden eine Lichtbrücke. Die seelenerfüllte Persönlichkeit, das Höhere Selbst und die Monade treffen sich. Bei der sechsten Einweihung verschmelzen alle miteinander, und der Körper wird zu Licht. Der Eingeweihte wird nun zum Aufgestiegenen Meister und beginnt, seine Brücke zu Gott zu bauen.

Die Antakarana ist die Lichtbrücke, die uns unserer Monade näherkommen lässt. Sie ist der einzige Weg in die Freiheit. Wir bauen die Antakarana über viele Leben hinweg. Zu dieser Zeit haben wir großartige Gelegenheiten und viel spirituelle Hilfe, unsere Arbeit zu beenden und mit unserer Monade verschmelzen zu können. Alles beschleunigt sich.

■ *Nach Alice Bailey sind sechs Schritte vonnöten, um die Antakarana zu bauen.*

1. **Absicht.** Deine Konzentration muss darauf gerichtet sein, gottverwirklicht zu werden. Dies ist schließlich der einzige Sinn deiner Reise auf Erden. Deshalb musst du Entschlossenheit und Hingabe für diese Aufgabe zeigen. Alle möglichen Dinge werden dich ablenken oder von deinem Weg abbringen wollen. Doch die Belohnung für das Beenden des Brückenbaus ist zu wichtig, als dass du dich ablenken lassen könntest. Wenn du dabei bist, deine Antakarana zu bauen, befindest du dich in der Tat auf einer besonderen Mission. Auch wenn du entmutigt bist, versuche immer weiterzumachen.
2. **Visualisation.** Die größte Kraft, die du besitzt, ist deine Vorstellungskraft. Benutze sie, um dich auf deine Lichtbrücke zu konzentrieren. Alle Visualisationen in diesem Buch und anderen spirituellen Büchern werden dir helfen, deine Verbindung zu Gott zu stärken.
3. **Projektion.** Um deine Ziele zu erreichen, brauchst du Willenskraft. Dies bedeutet, dass du dir dein Ziel vorstellen musst und, koste es, was es wolle, darauf zugehst. Es wird dir helfen, mit der Kraft auf der anderen Seite in Verbindung zu bleiben. Halte deine »Telefonleitungen« frei und bestätige der geistigen Welt immer, dass du auf dem Weg bist. Heilige Mantras, mit Konzentration angewandt, sind zusammen mit Visualisation gute Instrumente, dies zu erreichen.
4. **Anrufung und Beschwörung.** Fortdauernde Anrufungen, Gebete und spirituelle Arbeit des Schülers führen eine Re-

aktion der Monade herbei. Erinnere dich daran, dass du nicht allein bist. Du machst die Arbeit nicht allein. Für jeden Schritt, mit dem du auf den Vater (die Monade) zugehst, macht er zwei Schritte in deine Richtung. Wenn es dir auch scheint, dass du nur langsam den Berg hinaufkriechst, wenn du auch viele Hindernisse überwinden und Prüfungen bestehen musst und meinst, niemals anzukommen, dann denke daran, dass dir die Lichtkräfte geradezu entgegengaloppieren. Sie sind auf dem Weg!

5. **Stabilisierung.** Anfangs ist die Antakarana so empfindlich wie ein dünner Faden. Mit der Zeit, durch spirituelles Leben und das Ausüben spiritueller Disziplinen wirst du Lichtfaden um Lichtfaden weben, bis die Brücke breit, stark und stabil ist.
6. **Auferstehung.** Wenn die Persönlichkeit immer spiritueller wird, erwarten sie drei verschiedene Arten von Bewusstsein. Nach dem Verschmelzen der Persönlichkeit mit der Seele entsteht Dualität. Wenn die Seele mit der Monade verschmilzt, entsteht Einheit. Dann lassen wir alle Getrenntheit los und werden Licht. Wir werden unsterblich. Halte dies immer in deinem Bewusstsein aufrecht, während du deinen Lichtweg baust.

Jeder, der seine Antakarana baut, leistet seinen Beitrag zur Antakarana des Planeten, die die Erde mit dem Kosmos verbindet.

Übung – Visualisation:

1. Entspanne deinen ganzen Körper.
2. Stelle dir ein Erdungsband vor, das einen Durchmesser von etwa zwanzig Zentimetern hat und aussieht wie eine Röhre. Es reicht bis tief in die Erde hinein. Dies ist das Fundament deiner Brücke.
3. Lass nun diese Röhre durch deine Chakren in den Seelen-

stern über deinem Kopf wachsen. Stelle dir ihn als großes Licht über dir vor.

4. Teile deiner Seele mit, dass du die Absicht hast, durch spirituelle Arbeit deine Antakarana-Brücke zu bauen.
5. Visualisiere, wie die Röhre (oder der Kanal) durch die Chakren bis hinauf in die Seele reicht.
6. Nun baust du deinen Kanal zur Monade. Rufe deiner Monade deine spirituellen Ziele und Absichten und deinen Willen zu dienen zu.
7. Sieh die Antakarana – eine Regenbogen-Lichtbrücke –, wie sie sich durch die Monade bis hin zur Quelle erstreckt.
8. Rufe die Aufgestiegenen Meister, die gesamte Spirituelle Hierarchie und die Engel um Hilfe an.
9. Sende Mantras durch den Kanal.

39. Kapitel

Rituale und Zeremonien

Nicht immer verstehen die Menschen die Kraft von Ritualen. Überlege nur einmal, wie schwierig es ist, eine Gewohnheit loszuwerden. Eine Gewohnheit ist so tief in das Unbewusste jeder Körperzelle geprägt, dass wir uns gegen Veränderungen wehren. Gleichzeitig ist es aber auch so, dass unser Leben einfacher wird, wenn wir uns positive Gewohnheiten aneignen.

Ein Ritual ist eine Gewohnheit oder eine Routine, die mit Absicht und Konzentration ausgeführt wird. Dies hinterlässt einen Eindruck im unbewussten Geist und im Universum. Wenn ein Mensch ein Ritual ausführt, erschafft er eine Energie, die eine größere Kraft anzieht.

Betrachten wir einmal den Aspekt von Routine bei einem Ritual. Wenn du dein Mittagessen täglich zur gleichen Zeit und am gleichen Tisch einnimmst, wird dir dein Körper zur einer bestimmten Uhrzeit Hungersignale senden und deine Beine werden fast automatisch zu diesem Tisch laufen. Dein Magen ist bereit, Essen aufzunehmen. Dies ist die Wirkung von Routine und Ritual.

Wenn du täglich am gleichen Ort zur gleichen Zeit meditierst, wird dies wirkungsvoller sein, als wenn du Zeit und Ort laufend wechselst. Sobald du dich an deinen gewohnten Ort setzt, werden sich deine Körperfunktionen und dein Atem verlangsamen und deine Gehirnwellen werden automatisch die Muster der Meditation produzieren.

Einmal fragte ich Kumeka, was für meinen Aufstieg hilfreich sein könnte. Seine Antwort war: »Schaffe dir Routine.«

Oft unterschätzen wir, wie wichtig Regelmäßigkeit für unsere spirituelle Arbeit ist, die dann durch ein Ritual energetisiert werden kann.

Wenn du deinen Tag mit einem Weihe-Ritual beginnst, sagst du dem Universum, was du willst. Damit machst du es eher möglich. Mein Morgenritual hat sich über die Jahre mit meiner Weiterentwicklung leicht verändert.

Ich stelle mich aufrecht hin und hebe meine Arme. Dann sage ich: »Ich bitte meine Monade, zusammen mit der Quelle heute die Führung zu übernehmen. ICH BIN Licht, ICH BIN Liebe, ICH BIN ein reiner Kanal für Liebe.« Dann lasse ich meine Arme herunter und nehme die Erdenergie auf. Dann hebe ich die Arme wieder hoch. Dies wiederhole ich viermal hintereinander. Dann bitte ich meine Monade dreimal, mir den goldenen Strahl von Christus zu meinem Schutz zu schicken. Danach mache ich etwas Yoga und meditiere.

Früher habe ich darum gebeten, zu einem Kanal für Licht, Liebe und Heilung zu werden, doch heute übe ich Meisterschaft aus und identifiziere mich mit meiner allmächtigen ICH-BIN-Gegenwart, was wesentlich kraftvoller ist.

Wenn du drei Wochen lang etwas beständig tust, wird es zu einer Routine oder einer Gewohnheit, zu der man noch ein Ritual oder eine Zeremonie ausüben kann.

Vor Jahren habe ich daran gearbeitet, meine fest verankerte Gewohnheit, frühmorgens eine Tasse Tee zu trinken, umzuwandeln. Fest entschlossen trank ich jeden Morgen eine halbe Tasse Wasser. Sie wurde bald zu einer ganzen Tasse und nach kurzer Zeit wollte ich morgens überhaupt nichts anderes mehr trinken als heißes Wasser. Bald danach habe ich Kaffee und Tee völlig aufgegeben und sie seitdem auch niemals vermisst.

Nun mache ich ein einfaches Ritual mit meiner Tasse heißen Wassers. Ich halte sie in den Händen und rufe die Violette Flamme von Saint Germain an. Ich bitte darum, dass sie das Wasser erfüllt, dass jeder Schluck meinen Körper reinigen möge. Wenn du deine Mahlzeiten segnest, werden sie durchlichtet und jegliche negative Energie, die darin war, wandelt sich um. Wenn du deine Nahrungsmittel direkt nach dem Einkaufen auf dem Weg nach Hause segnest, kommen sie rein bei dir an. Wir möchten doch nicht die Energie des Verkäufers in unserem Essen haben.

Die Kirlian-Fotografie zeigt, dass die Aura von gereinigten Nahrungsmitteln klarer und heller scheint als die von ungereinigten.

Eine einfache Segnung ist: »Ich bitte, dass dieses Essen gesegnet sei, damit die Früchte der Erde meinen physischen Körper und der Segen meinen spirituellen Körper nähren mögen.« Es ist immer gut, ein OM über dem Essen zu singen.

Jeder Verkäufer weiß, dass sein Verhalten den Verkauf beeinflusst. Ohne Enthusiasmus oder Optimismus ist ein Verkaufsversuch so wirkungslos wie ein routinemäßig gemurmeltes Vaterunser.

Worte sind Energieträger. Es kommt dabei darauf an, *wie* sie ausgesprochen werden. Deshalb sind die Worte in einem Ritual sehr wichtig. Vermeide das Wort »nicht« und verwende nur positive Worte. Verwende bei einer Zeremonie Worte der Kraft, wie z.B. Mantras, und rufe die hohen Lichtwesen an.

Ein Ritual erzeugt eine Energieform. Einige Menschen haben gewisse Angewohnheiten vor dem Schlafengehen, die die Gehirnwellen auf den Schlaf vorbereiten. Ein Nachtgebet ist ein wundervolles Beispiel. Danke zuerst für den vergangenen Tag und für all die Gaben, die du empfangen hast. Dann bete für andere und erst zum Schluss für dich selbst.

Ein Gebet in einer Zeremonie zu sprechen macht dieses unendlich kraftvoller und kann je nach Absicht große Mächte anrufen.

Aus einem Ritual wird eine Zeremonie, wenn bestimmte Musik, Weihrauch, Kerzen, heiliges Wasser, Gesang, Tanz, Kristalle oder Trommeln verwendet werden. Oft werden auch besondere Gewänder getragen. Für gewöhnlich enthalten

Zeremonien auch bestimmte Worte, die ihre eigene Energie tragen, um die Kräfte anzurufen. Gesänge, Mantras und heilige Worte verstärken eine Zeremonie.

Die Elemente von Feuer, Erde, Wasser und Luft werden in einer Vielzahl von Zeremonien angewandt. Wasser wird z.B. zum Taufen verwendet, Feuer in vielen Kulturen für eine Beisetzung, Luft wird durch das Sprechen repräsentiert.

In vielen Kulturen tanzen die Menschen, um genügend Energie aufzubauen, mit der sie ein Ritual energetisieren können.

Rituale geben Handlungen Kraft. Zeremonien geben Ritualen Kraft. Sie verstärken auch Gruppenenergien.

Bestimmte Tage haben bestimmte Kräfte. Heilige Tage eines Kulturkreises haben ihre eigene Energie, die Zeremonien unendlich kraftvoller machen. Spirituelle Arbeit hat bei Vollmond mehr Wirkung als zu anderen Zeiten.

Eine Gruppenmeditation an einem besonderen Tag kann dich auf deinem Aufstiegsweg weiter voranbringen als Meditationen zu einer anderen Zeit.

■ *Wenn du aus einem Ritual eine Zeremonie machst, rufst du große Kräfte herbei und du kannst nicht wissen, welche Kräfte du entfesselst. Stelle sicher, dass du nur die höchsten und reinsten Absichten mit deiner Weihe verfolgst. Zeremonien sind sehr kraftvoll.*

40. Kapitel

Armageddon

Jene von euch, die dieses Buch lesen, können die vierte Dimension betreten. Es wird euch dann bewusst sein, dass momentan der Entscheidungskampf ausgefochten wird. Es wurde uns gesagt, dass es sieben Schlachten zwischen den dunklen und den lichten Kräften geben wird und dass die ersten drei von der Dunkelheit gewonnen werden.

Auf der Erde gibt es noch sehr viel niedere Schwingung. Denke nur an die Gier und Korruption, Drogen, Armutsbewusstsein, Gewalt und die Energie, die vom Fernsehen und den anderen Medien ausgeht. Die Dunkelheit hat die ersten drei Schlachten bereits gewonnen.

Die letzten vier Schlachten müssen und werden von den Lichtkräften gewonnen werden. Es ist unvermeidlich. Das Blatt ist dabei, sich zu wenden. Die Engel stehen bereit. Sie werden von den Menschen nun zunehmend mehr beachtet. Alte, erleuchtete Seelen befinden sich unter uns und erwachen. Bücher zur persönlichen und spirituellen Weiterentwicklung sind sehr gefragt. Die Menschen machen Therapien, um ihren Schmerz verstehen und loslassen zu können. Sterngeborene aus diesem und aus anderen Universen kommen direkt auf die Erde und verkörpern sich. Auf der Erde gibt es viele hoch schwingende Menschen.

Jedes kleine bisschen, das du tust, um das Licht zu erhöhen, wird den Sieg schneller herbeiführen.

Neunundneunzig Prozent der Menschen sind »Erdlinge«. Mit anderen Worten, sie hatten alle ihre Inkarnationen in dieser dreidimensionalen Realität. Sie lernen noch immer von

Liebe und Licht. Die meisten haben sich durch Tausende von Inkarnationen weiterentwickelt. Es war ein schwerer Weg. Nun haben sie diese unglaubliche Gelegenheit, sich selbst von den Bindungen der dritten Dimension zu befreien und aufzusteigen.

Das andere eine Prozent besteht aus Sterngeborenen, die uns von anderen Planeten und Galaxien besuchen, um uns zu helfen. Schon früher haben sich viele Sterngeborene inkarniert, um in Zeiten der Umstellung zu helfen. Da sie als Besucher gekommen sind, sind die meisten von ihnen nicht so tief in die Dunkelheit hinabgestiegen und haben auch relativ wenig Karma abzuarbeiten. Ich sage »relativ«, da es leicht ist, sich in schmutzigem Wasser zu verunreinigen.

Wie ich bereits erwähnt habe, sind Shaaron und ich aus derselben Monade. Obwohl wir nicht aus diesem Universum kommen, war Shaaron schon sechsmal auf der Erde. Ich bin zum sechsundzwanzigstenmal hier. Beide sind wir hergekommen, um uns unter den schwierigen Bedingungen der Erde weiterzuentwickeln, mit Karma umgehen zu lernen und vor allem, um dem Planeten zu helfen.

Erdlinge und Sterngeborene sind Lichtarbeiter gleichermaßen. Alle wollen zu Gott zurückkehren. Viele, die dieses Buch lesen, sind Sterngeborene, die sich inkarniert haben, um für andere ein Licht zu sein. Sterngeborene sind bewusst oder unbewusst mit den Aufgestiegenen Meistern verbunden. Bevor sie herkamen, haben sie zugestimmt, ihre jeweiligen Rollen zu spielen. Mit anderen Worten: Sie haben bestimmte ätherische Verträge abgeschlossen. Alle Sterngeborenen helfen dem Planeten aufgrund von Absprachen, die vor der Inkarnation getroffen werden.

Die Erde ist ein wenig wie eine multinationale Firma, die in einer Krise steckt. Die Erdlinge arbeiten für die Firma und man erwartet von ihnen zusammenzurücken. Doch sie haben noch keine Verträge für diese besondere Art von Arbeit ausgehandelt. Sterngeborene sind die hoch qualifizierten freien Mitarbeiter, die bei Notfällen eingesetzt werden. Wie auch sonst wird hier Vertragsbruch schwer bestraft und es gibt keine vertraglichen Hintertürchen.

Um die alte Dichte, die festgefahrenen Glaubenssätze und Traumata abschütteln zu können, senden uns die hohen Wesen Licht in hoher Voltzahl auf den Planeten. Natürlich wurde schon immer Göttliches Bewusstsein ausgegossen, wenn auch nur vereinzelt. In unserer heutigen Zeit pulsiert es etwa alle sechs Wochen durch den Planeten.

Diese Lichtwellen enthalten wie alles Prana Symbole und Codes, mit denen wir bestimmte Erinnerungen und Informationen in unserem Bewusstsein entschlüsseln können.

Viele Menschen, die eine Grippe haben oder völlig erschöpft sind, widersetzen sich diesem Energiefluss. Wenn du ungewöhnlich nervös und reizbar bist, dich schwindlig fühlst oder sogar Schlafstörungen hast, ruhe dich aus und lasse zu, dass dich das Licht mit seinen neuen Symbolen reinigt und dein Bewusstsein für höhere Wahrheiten öffnet.

Wenn diese Lichtwellen zur Vollmondzeit eintreffen, sind sie natürlich noch kraftvoller.

Diese gewaltige Göttliche Energieladung bringt alles Ungelöste aus deiner Akasha-Chronik an die Oberfläche. Alte, unterdrückte Emotionen, eingeprägte Glaubenssätze und Erinnerungen aus weit zurückliegenden Leben kommen hoch. Du hast vielleicht einen unerklärlichen Drang, an einen bestimmten Ort zu reisen, oder du lernst neue Menschen kennen, bei denen du ein zartes Gefühl der Vertrautheit hast. Vielleicht hast du merkwürdige Empfindungen in deinem Körper. Gehe in sie hinein und prüfe, ob Bilder aufsteigen.

Du musst alles anschauen und auflösen.

Wenn schwierige Menschen in dein Leben treten, ist das vielleicht eine goldene Gelegenheit, deine Akasha-Chronik zu reinigen. Begegne ihnen also mit Liebe, Mut, Mitgefühl, Verständnis und Vergebung.

Diese Energiewellen bringen alle Zellerinnerungen an die Oberfläche, die bis in die Zeit deiner Empfängnis zurückgehen und die gereinigt werden müssen. Im Unterdrücken und Verleugnen sind wir alle sehr gut. Und doch muss alles hochkommen – alle Wut, Verletzung, Frustration, Eifersucht und Minderwertigkeit. In unserem Körper fühlen wir plötzlich alte und unerwünschte Schmerzen. Gefühle, von denen du glaubtest, sie schon vor Jahren verarbeitet zu haben, tauchen wieder auf und müssen auf noch tieferer Ebene angeschaut werden. Wenn sie hochkommen, versuche, deine kosmische Sichtweise beizubehalten.

Wenn du noch nicht anschauen magst, was dir vorgehalten wird, wird es dich rasch in anderen, schwierigeren Formen herausfordern.

Eine Frau hat mir einmal erzählt, dass sie einen dominanten, autoritären und egozentrischen Vater hatte. Sie nahm ihn immer als riesenhaft und allmächtig wahr und hatte immer Angst vor ihm. Er hatte aus ihr eine kraftlose und zitternde Figur gemacht. So war es eines ihrer Lebensthemen, mit autoritären Männern umzugehen, die auch regelmäßig in ihr Leben kamen. Sie arbeitete an sich selbst und erschuf sich innerlich einen starken, beschützenden Vater. Dies half ihr sehr. Viele Jahre begegneten ihr dann keine autoritären Männer mehr. Doch dann kam natürlich die große Prüfung.

Gerade als sie sicher war, einen bestimmten Vertrag vorteilhaft für sich ausgehandelt zu haben, bekam sie einen Anruf von ihrem Vertragspartner. Er hatte sich von einem charmanten Gentleman in ein wütendes Monster verwandelt. Sofort erkannte sie die Lernaufgabe in dieser Situation und bewältigte sie, so ruhig und klar sie nur konnte. Die Zeit wird zeigen, ob sie die Prüfung bestanden hat. Wenn nicht, wird sie innerhalb weniger Monate wieder solch einem Menschen begegnen.

Diese Zeit hält große Gelegenheiten für individuelle, familiäre und planetarische Heilung bereit. Wir sind aufgefordert, das genetische Erinnerungsvermögen unserer Familie zu heilen. Die genetische Erinnerung, die in der DNS sieben Generationen lang gespeichert ist, kann nun gereinigt werden. Die Sünden der Vorväter wurden über Generationen weitergegeben und jetzt haben wir die Gelegenheit, sie abzulegen.

Möglicherweise bist du schon oft in deiner Familie inkarniert und hast einfach genug davon, immer mit denselben Mustern umgehen zu müssen. Wenn du nun daran arbeitest, wirst du deiner Seele große Erleichterung verschaffen.

Vielleicht bist du auch in eine Familie inkarniert, um ihr damit einen Dienst zu erweisen. Wenn es in deiner Familie Erbkrankheiten, Lähmung, Geisteskrankheit, Abtreibung, Gewalt, Mord, Missbrauch, Krebs, Geschlechtskrankheiten, Tuberkulose, Blindheit, Kindstod oder andere der zahlreichen Probleme gibt, dann hast du jetzt die Gelegenheit, einen wundervollen Dienst zu tun. Da du vergangene und zukünftige Generationen befreien wirst, wird deine Belohnung groß sein.

Während ich dieses Kapitel schreibe, kommt gemäß den Gesetzen der Synchronizität des Universums eine Frau zu mir, die ich Pam nennen möchte. Sie ist Homöopathin und widmet sich sehr ihrer persönlichen Heilung. Pam ist eine sehr elegante und charmante Frau, doch ist ihr bewusst, dass sie mit einer Erbkrankheit konfrontiert ist, die langsam zur Lähmung führt. Auch ihre Mutter war sehr krank. Sie hatte einen Schlaganfall, der eine Lähmung hinterlassen hatte. Pams Gefühle waren deswegen so trübsinnig, dass ich die Engel anrief, um ihr zu helfen. Sie sagten, dass ihr Herz Reinigung bräuchte. So prüften wir, was ihr Herz blockierte. Es kam heraus, dass Pam vor Jahren abgetrieben hatte. Sie wollte das eigentlich nicht, doch ihre Mutter hatte sie dazu gezwungen. Ihr Herz war immer noch voller Schmerz und Wut.

Die Seele des Kindes hatte Pam nicht verlassen und kam während der Sitzung, um sich mit ihrer Mutter zu verbinden. Pam konnte ihr nun endlich alles sagen, wozu sie vorher nicht fähig war. Schließlich konnte Pam das Kind loslassen, das glücklich in die geistige Welt hinübergegangen ist.

Die Engel erklärten, dass Pam immer noch nicht bereit wäre, ihr Herz zu reinigen und zu segnen. Dann erzählte sie mir, dass sie herausgefunden hatte, dass auch ihre Mutter eine

Abtreibung hinter sich hatte. Ich bat darum, dass das abgetriebene Kind erscheinen möge. Plötzlich waren etwa ein Dutzend Kinder da, die sich alle um Pam versammelt hatten und ihr Leben störten. Sie wollten alle losgelassen werden. So bauten wir für sie einen Lichtkanal, durch den sie gehen konnten. Auf der anderen Seite wartete eine Verwandte, die die Kinder in Empfang nahm.

Wieder bat ich die Engel, Pams Herz zu reinigen und zu segnen. Doch dieses Mal zeigten sie mir, dass ihr Herz im vorderen Bereich klar war, weiter hinten allerdings noch dunkel. Sie sagten, dass ein vergangenes Leben noch losgelassen werden müsste.

Pam gelang es rasch, in dieses Leben zurückzugehen. Sie war ein Bauernsoldat, der einen Haufen pöbelnden Volkes in ein Dorf führte. Dort tötete er skrupellos eine schwangere Frau und zerstörte mit seinen Gesellen das ganze Dorf. Danach ging es ihm schlecht, denn es wurde ihm bewusst, dass er nichts damit bewirkt hatte. Er hatte die schwangere Frau geliebt. Sie hatte ihn jedoch wegen eines anderen Mannes verlassen. Von dem hatte sie das Baby. So erschuf er sich schweres Karma.

In der Sitzung traf sie auf geistiger Ebene die Frau und das Kind und bat beide inständig um Vergebung. Dies wurde ihr gewährt.

Danach reinigten und segneten die Engel Pams Herz. Viele Wochen später sah ich Pam wieder. Sie strahlte und erzählte von einer Verbesserung ihres Gesundheitszustandes. Die Arbeit, die sie getan hatte, wird auch ihre Ahnenreihe beeinflussen und vergangene und zukünftige Generationen heilen.

Zu dieser Geschichte gibt es noch ein kleines Nachspiel. Ich bekam einen Brief von Pam, in dem sie mir von ihrer ersten homöopathisch unterstützten Geburt erzählt:

Ich hatte die Mutter während der ganzen Schwangerschaft begleitet. In ihrer ersten Schwangerschaft wurde die Geburt künstlich eingeleitet und dies wollte sie keinesfalls noch einmal erleben. Die Mutter rief mich frühmorgens an und sagte mir, dass sie im Krankenhaus sei. Der Fötus bewege sich nicht und mache ihr Sorgen. Man wollte die Fruchtblase künstlich öffnen. Als ich ins Krankenhaus kam, war eine Hebamme bei ihr. Kein Arzt war weit und breit zu sehen. Man hatte sie an einen Monitor zur Überwachung angeschlossen. Ich gab ihr meine homöopathischen Mittel. Die Hebamme war sehr daran interessiert. Sie fragte mich, was ich ihr gäbe und warum. Das Baby kam ohne Stress nach einer Stunde und zwanzig Minuten auf die Welt. Mein Astrologe hat das Horoskop des Babys erstellt und gesagt, dass sein aufsteigender Mondknoten auf meinem Mond stand. Es war also vorausbestimmt, dort zu sein!

Pam und ich haben beide sehr stark gefühlt, dass dieses Baby die Seele war, die sich aufgrund von Pams Tat in dem früheren Leben nicht inkarnieren konnte. Das Karma war nun völlig abgearbeitet und damit wurde mehr Licht und Liebe in die Welt gebracht.

■ *In jedem Moment haben wir die Möglichkeit, im Licht zu sein.*

41. Kapitel

Die zwölf Prüfungen der Einweihung

Bevor du auf der Erde inkarnierst, besprichst du die Mission für dieses Leben mit deinem Führer und Engel. Indem du dich weiterentwickelst, übernimmst du mehr Verantwortung.

Wenn du ein Lichtarbeiter werden möchtest, wird dieses Gespräch auch mit einem Erzengel und einem Aufgestiegenen Meister ablaufen, die deinen Fortschritt auf Erden beobachten werden.

Es gibt ein System von Rückmeldungen, das zehn bis zwölf Mal in jeder Inkarnation geschieht. Dein spiritueller Fortschritt wird durch die folgenden Fragen eingeschätzt und die zu erledigende Lichtarbeit nach deinem Erfolg zugeteilt.

Wenn du zu einem erfahrenen Lichtarbeiter geworden bist, wirst du einem Team zugewiesen, das auf der physischen oder geistigen Ebene für einen der Erleuchteten arbeitet.

Deine Führer und Engel arrangieren Prüfungen für dich, die in deinem Leben als Umstände, Situationen oder schwierige Beziehungen auftreten. Jede Herausforderung ist eine Gelegenheit für Wachstum, die mit dem Einverständnis deiner Seele auf dich zukommt. Eine Einweihung ist eine schwierige Herausforderung, die du bestehen musst, um auf eine höhere Bewusstseinsebene zu gelangen.

Wenn du fühlst, dass du alleine bist und keine spirituelle oder menschliche Hilfe nahe ist, dann hat deine Seele verfügt, dass sich deine Geisthelfer zurückhalten. Dies sind die wichtigsten Zeiten in deinem Leben, denn dann finden die Einweihungsprüfungen statt, die du bestehen musst, um selbst ein Aufgestiegener Meister zu werden.

Mit folgenden Fragen wird untersucht, welchen Fortschritt deine Seele auf Erden gemacht hat:

1. Siehst du die Welt als Verlängerung von dir selbst? Schaust du in die Spiegel, die dir das Universum bereitstellt, oder beschuldigst du andere für die Dinge, die dir passieren?
2. Hast du dein Ego überwunden? Bist du selbstzentriert oder sorgst du dich um andere?
3. Wen wählst du dir als Gefährten/Gefährtin?
4. Wie sehr bist du mit deinem Lebenszweck in Übereinstimmung? Rufst du die geistige Welt um Hilfe an?
5. Gehst du den Weg der höheren Wahrheit in der Hingabe an Gott und der Erfüllung irdischer Verantwortlichkeiten?
6. Folgst du aktiv den höheren Wahrheiten und vermittelst du sie auch anderen?
7. Was tust du, um deine Willenskraft zu stärken und die geistigen Gesetze zu verstehen?
8. Hörst du auf deine innere Stimme?
9. Wenn Beziehungen eine Herausforderung darstellen, versuchst du, den Grund dafür zu verstehen? Suchst du nach bedingungsloser Liebe? Wie ist deine Beziehung zu Mutter/Vater-Gott?
10. Wie dienst du der Menschheit?
11. Wie bringst du deinen Geist in die Stille?
12. Aktivierst du dein Höheres Seelenselbst? Machst du interdimensionale Reisen und versuchst du, den Nutzen daraus anderen zur Verfügung zu stellen? Was tust du, um dich spirituell zu verfeinern?

42. Kapitel

Einheit

Wir sind alle Teil der Göttlichen Einheit. Gott durchdringt jede Zelle und jedes Atom. Ein Stein oder eine Pflanze enthält die gleiche Essenz Gottes wie ein Tier, ein Mensch oder ein Engel. Wir sind untrennbar miteinander verbunden. Daher kannst du keinem Baum, keiner Schnecke oder keinem Menschen etwas antun, ohne dass die Folgen jeden anderen treffen, einschließlich deiner selbst.

Erst wenn es uns klar wird, dass wir alle Teil des universalen Bewusstseins sind und dass wir auf energetischer Ebene in allem sind und alles in uns ist, können wir aufsteigen.

Pflanzen fühlen und schwingen in einer bestimmten Frequenz. Würde man einem Menschen ein Bein abhacken, würdest du ihm einen Arm abschneiden, ohne vorher Bescheid zu geben? Natürlich nicht. Doch wir schneiden schönen, lebendigen und fühlenden Bäumen Äste ab, ohne sie zu warnen. Sensitive Menschen können ihre Schmerzensschreie im Äther hören und fühlen. Doch wird letztlich der Verursacher in diesem oder einem anderen Leben einen ähnlichen Schmerz erleben.

Eine sensitive Frau erzählte mir von einem kleinen Waldstück in ihrer Nähe. Die Verwaltung hatte überall Zettel aufgehängt, um der Bevölkerung zu erklären, warum einige Bäume gefällt werden mussten. Einige waren krank, andere mussten ausgedünnt werden und einige wurden zurückgeschnitten, da sie Licht wegnahmen. Die Verwaltung hatte es wirklich gut gemacht. Sie hatte allen Bescheid gegeben, nur den Bäumen selbst nicht. Die Atmosphäre war erfüllt von Schmerz.

Wenn jemand den Bäumen einen Tag vor dem radikalen Schnitt eine telepathische Botschaft geschickt hätte, hätten sich die Geister der Bäume vorbereiten können. Ein Baumgeist kann sich nämlich zurückziehen, bevor der Baum gefällt wird, oder die Energie aus einem Ast zurückholen, bevor er abgeschnitten wird.

Eine Freundin von mir besitzt große Empathie und nahm immer die Schmerzen von anderen Leuten und der Umgebung auf. Sie kaufte sich einen Moldavit. Er sollte ihr helfen, mit ihrer Umgebung in Harmonie leben zu können, ohne alles in sich aufzunehmen. Sie wollte ihn in Gold fassen lassen und an einer Kette tragen. So ging sie von Juwelier zu Juwelier, bis sie einen fand, der sich richtig anfühlte. Der Juwelier sagte, dass er in die Mitte des Moldavits mit einem Diamantbohrer ein Loch bohren müsse. Meine Freundin sagte: »In diesem Falle sprechen Sie bitte mit dem Kristall und erklären ihm, was Sie machen möchten.« Der Juwelier und seine Assistenten waren einverstanden. Als sie zurückkam, um das Schmuckstück abzuholen, sagte der Juwelier ziemlich ernst: »Wir haben mit Ihrem Kristall gesprochen und er war überhaupt nicht glücklich, ein Loch zu bekommen. So haben wir einen anderen Weg gefunden, ihn zu fassen.« Meine Freundin war begeistert und ich bin sicher, dass der Kristall ihr die Fürsorge mit noch besserer Unterstützung dankte.

Alle guten Handwerker lieben die Materialien, mit denen sie arbeiten. Sonst wären sie reine Techniker. Oft kann man spüren, wenn ein Gegenstand mit Liebe hergestellt worden ist, denn Göttliche Energie strahlt dann von ihm aus. Aus diesem Grund sind auch die Statuen von Michelangelo so schön. Er liebte den Marmor und diese Liebesenergie ermöglichte, dass das Beste aus dem Stein werden konnte.

Da alles Teil der Einheit ist, verlassen die Eigenschaften einer ausgestorbenen Tierart mit ihr den Planeten. Dronten standen für Vertrauen, und als sie ausstarben, verließ uns ein Teil des

Vertrauens und es wurde für alle Wesen etwas schwieriger, Vertrauen aufzubauen.

Jeder Stein, Kristall, Baum, Fisch und Mensch, jede Pflanze und jedes Tier ist aus einem bestimmten Grund auf der Erde. In der heutigen Zeit werden Kühe gequält und misshandelt. Was sind das für Menschen, die einen Pflanzenfresser mit Fleischabfall füttern? Diese schönen und sanften Wesen werden vergiftet und von der Erde vertrieben. Wenn eine Spezies die Erde verlässt, nimmt Dunkelheit ihren Platz ein.

Tiere sind die jüngeren Geschwister der Menschen. Eines Tages werden sie sich weiterentwickeln und zu Menschen werden. Eine Freundin von mir hatte einen wunderschönen Collie. Ihr wurde gesagt, dass ihr Hund ein Heiler war und für ihren Partner Seelenanteile zurückholte. Als ich Kumeka danach fragte, bestätigte er, dass der Hund ein Meister sei und in seiner nächsten Inkarnation als Mensch zurückkommen würde.

Auf einer Reise durch das grüne Irland wurde mir folgende Geschichte erzählt. Meine Bekannte war einmal auf einem Seminar, in dem man ihr folgende Technik gegeben hatte, um mit Tieren zu kommunizieren und sie heilen zu können: Man visualisiert ein Behandlungszimmer, in dem alles vorhanden ist, was man braucht, um ein Tier zu heilen. Dies könnte z.B. ein Operationssaal mit einem Chirurgen oder ein Behandlungszimmer mit Blütenessenzen, Aromatherapie oder Medikamenten sein.

Einer der Seminarteilnehmer hatte einen kranken Hund. Zu Hause gab es eine Regel, dass der Hund nicht auf dem Sofa sitzen durfte. Der Mann visualisierte also ein Heilungszimmer. Der Hund weigerte sich aber, es zu betreten. Am Ende sagte der Mann: »Wenn du hereinkommst und dich behandeln lässt, darfst du auch immer aufs Sofa.« In seiner Visualisation kam dann der Hund herein und ließ sich behandeln.

Beim nächsten Seminar konnte der Mann es kaum abwarten, seine Geschichte weiterzuerzählen. Als der Mann im Seminar diese Visualisation gemacht hatte, war es kurz nach

15 Uhr. Seine Frau war mit dem Hund allein zu Hause. Sie war in der Küche und zu ihrem Erstaunen sprang der Hund plötzlich aus seinem Körbchen auf und ging schnurstracks ins Wohnzimmer, wo er sich aufs Sofa legte. Die Frau versuchte den restlichen Vormittag, den Hund wieder herunterzubekommen. Er weigerte sich jedoch standhaft. Geschäft ist Geschäft, egal auf welcher Ebene es abgeschlossen wurde.

Pflanzen und Mineralien sind ebenfalls Teil der Einheit. Die dichteste Schwingung finden wir im Stein. Wenn sich seine Schwingung erhöht, kann er sich als Pflanze und dann als Tier erfahren.

Wenn du über etwas außerhalb von dir selbst schlecht denkst, schadest du dir damit. Diese Worte schreiben sich leicht, doch die Realität gehorcht dem Gesetz des Karmas. Wenn du schlecht über eine Person oder Situation denkst, trägst du niedrig schwingende Energie in dir. Dies bewirkt, dass dir gegenüber so lange niedrig schwingend gehandelt wird, bis du die Wut loslassen und eine liebevolle Sichtweise einnehmen kannst.

Segne immer das hässliche Gebäude, den bellenden Hund, den habgierigen Hausbesitzer und das Unkraut, und der Segen muss unvermeidlich zu dir und damit zu allen zurückkehren.

Segne nicht automatisch, sondern sei mit deinem Herzen dabei. Segne mit Mitgefühl im Herzen diese Dinge, die dich anscheinend zurückhalten. Segne die Kranken mit einer liebevollen Berührung. Segne voller Verständnis die Menschen mit niedrigem Bewusstsein.

Einheit heißt, dass wir alle Spiegel voneinander sind. Bestimmte Schwingungen ziehen gleiche Schwingungen an. Wenn uns nicht gefällt, was wir in unserem Leben anziehen, sind wir gefordert, ehrlich in den Spiegel zu schauen. Dann müssen wir unsere Schwingungen erhöhen. Eine Schwingungserhöhung muss durch die Erhöhung des Bewusstseins verdient werden. Doch sobald sie verdient und gemeistert ist, ziehen wir niemals wieder dieselben niedrig schwingenden Prüfungen, Umstände und Menschen an.

Das Eine Bewusstsein ist als Prana oder als Chi bekannt. In seinem Strom lebendigen Bewusstseins oder Kraftfeldes liegen Symbole verborgen. Wenn wir uns diese Symbole erschließen und sie anwenden, haben wir die Schlüssel zur Mitschöpfung und Manifestation in der Hand, die zur fünften Dimension und zum Aufstieg gehören.

Um uns die Schlüssel und Codes erschließen zu können, müssen wir still und zentriert sein, egal wie wir im Außen provoziert werden. Wir müssen die Kontrolle über unsere Gedanken und unsere Emotionen haben.

- *Gelassenheit, Gleichgewicht und Ruhe tragen große Kraft in sich, da sie uns ermöglichen, mit göttlicher Energie durchflutet zu werden.*

Wir lieben ein erwachsenes Kind nicht weniger als unser Enkelkind. Gott liebt einen Aufgestiegenen Meister oder einen Seraphim nicht mehr als ein Tier oder eine unentwickelte Seele. Gott liebt alle gleich.

- *Alle als göttlich zu behandeln ist ein Schlüssel zum Aufstieg.*

43. Kapitel

Schlüssel und Codes

Aus dem Geist Gottes strömt Bewusstsein hervor. Es enthält Symbole, die uns Wahrheiten und Informationen übermitteln. Wenn unser Geist auch nur ein wenig durcheinander ist und unsere Emotionen nicht im Gleichgewicht sind, können wir entweder nur verzerrte oder gar keine Informationen empfangen.

Meister waren immer fähig, ihren Geist still werden zu lassen und direkt aus Gottes Geist hochfrequente Wahrheit und Weisheit zu empfangen.

Da wir Teil der Einheit sind und im Kraftfeld Gottes leben, senden auch wir Bewusstsein aus unserem Geist aus. Auch dies hat eine Schwingungsfrequenz, die sich manifestiert. Und natürlich ist es so, dass niedrig schwingende Gedanken niedrigschwingende Situationen erschaffen. Hoch schwingende Gedanken erschaffen dafür hoch schwingende Situationen.

- *Um aufsteigen zu können, müssen wir immer einen hoch schwingenden Strom von Bewusstsein ausstrahlen.*

In unserer heutigen Zeit werden die esoterischen Mysterien entschlüsselt. Uralte Weisheit, Wissen und heilige Wahrheit, die vergraben und verschlossen waren, werden der Menschheit zurückgegeben. Es liegt aber an uns, die Schlüssel zu finden und anzuwenden. Wenn wir Informationen entschlüsselt haben, die scheinbar über unser Verständnis hinausgehen, ist es unsere Aufgabe, dies in der Stille unseres Herzens zu respektieren und uns der Schwingung der enthaltenen Wahrheit zu öffnen.

Sehr oft werden Codes auf einer unbewussten Ebene entschlüsselt. Ein Beispiel hierfür sind die Kornkreise, die von den Engeln der Kommunikation erschaffen wurden. Die Kornkreise sind Schlüssel für noch verborgene Informationen im Bewusstsein der Menschheit. Wenn wir einen Kornkreis oder ein Foto von einem Kornkreis sehen, ist es so, als würde sich in unserem Geist ein Schlüssel herumdrehen. Viele Leute empfinden Frieden, wenn sie einen Kornkreis betreten. Einige haben Angst. Andere fühlen ein Kribbeln oder eine höhere Schwingung durch sich fließen. Natürlich gibt es auch Menschen, die überhaupt nichts fühlen. Die Schwingung in einem Kornkreis wird zu jenen sprechen, die bereit sind, universale Informationen zu empfangen.

Einige der Schlüssel zu universalen Informationen sind in alten Manuskripten enthalten, die jetzt »gefunden« werden. Monumente wie die Pyramiden, die Sphinx, Stonehenge oder die Statuen auf der Osterinsel enthalten verschlüsselte Informationen. Dies gilt auch für stehende Steine und für bestimmte Kristalle. Sogar alte Bäume enthalten die Weisheit des Universums, die nur darauf wartet, erschlossen zu werden.

Auch in Mandalas, Symbolen, Gelübden, Schwüren, Ritualen und Zeremonien wurden viel Weisheit, Wissen und esoterische Informationen versiegelt. Dieses höhere Wissen wird nun freigegeben.

Die Weisen der alten Zeit, die Priester und Priesterinnen von Atlantis, die Heiligen der großen Zivilisationen, die in ihrem Chakren-System die Informationen bewahren, die die Siegel entschlüsseln können, inkarnieren sich nun aufgrund des Trompetenrufs durch die Universen. Viele werden schon erleuchtet geboren. Momentan sind sie noch Babys, Kinder und Teenager mit hoch schwingender Frequenz, die das höhere Bewusstsein verbreiten und das siebte Goldene Zeitalter auf Erden garantieren.

Einige von uns sind Fackelträger, die ihnen den Weg ebnen und die Verantwortung als Eltern und Großeltern, Lehrer und Mentoren übernehmen.

Eine Frau, die ich kenne, bekam neulich ein Baby. Sie und ihr Mann waren ihr ganzes Leben bereits Vegetarier und aßen nur biologisch angebaute Produkte. Sie achteten auch darauf, in allen Bereichen nur die reinsten Dinge zu sich zu nehmen. Die Mutter hatte dem Kind eine mediale Sitzung geben lassen und es stellte sich heraus, dass der Kleine ein Weiser war, der inkarniert ist, um in der Zukunft ein Führer zu werden. Er hatte seine Eltern ausgewählt, da seine Schwingungen so verfeinert waren und er kein Fleisch oder unnatürliche Nahrungsmittel essen konnte. Alles um ihn herum muss sehr rein sein.

Jeanny Slade lebt in Sussex und ist eine Heilerin. Bei einer Heilung bemerkte sie, dass sich ihre Hände und Finger sehr schnell bewegten. Sie wusste nicht, was es zu bedeuten hatte, und ließ es einfach geschehen. Ich hatte das Gefühl, dass sie sehr schnell Symbole zeichnete. Eine Hellsichtige beobachtete sie in verschiedenen Heilsitzungen und konnte erklären, dass Jeanny eine geistige Operation durchführte. Sie klärte Entzündungen und Infektionen, richtete Knochen aus und stellte das Gleichgewicht im Körper wieder her, sodass er sich selbst heilen konnte. Ich kann nur vermuten, dass Erinnerungen an alte Heilsymbole aufgetaucht sind und sie automatisch benutzt werden, um ihren Klienten zu helfen. Ihre Tochter besitzt ähnliche Kräfte.

Jetzt ist die Zeit für die Lichtarbeiter, zu ihrer Lebensaufgabe zu erwachen. Einige sind zögerlich, was bedeutet, dass andere Lichtarbeiter ihre Bürde auf sich nehmen müssen, bis sie ihren Platz im universalen Plan eingenommen haben.

Bestimmte Klänge sind Schwingungsschlüssel, um Menschen aufzuwecken. Sie können Steine zerschmettern, das Herz öffnen, Emotionen lösen und Informationen freigeben. Es scheint so, dass plötzlich auf der ganzen Welt die Menschen singen, tönen, Didgeridoos, Gongs und Klangschalen spielen. Jede Note ist der Schlüssel zu einem Teil in einem Kombinationsschloss.

Alle Lichtarbeiter tragen einen Wecker in sich, der programmiert ist, bald loszugehen. Es handelt sich um den fortdauernden und unverfehlbaren Weckruf des Neuen Zeitalters.

Wir alle haben Informationen in unseren Chakren gespeichert, besonders in den höheren. Klang hilft, sie zu befreien. Wenn du dich mit deiner Stirn an einen Baum oder an einen alten Stein stellst und OM oder den Ton AHHH singst, wirst du unbewusst ein wenig mehr zu deiner Göttlichkeit erwachen. Vor allem in einer Gruppe ist dies sehr kraftvoll.

Diese alte esoterische und Göttliche Weisheit, die unseren Planeten zur Lichtschwingung erhöhen wird, wird nicht in plötzlich gefundenen Dokumenten stehen. Sie wird als höheres Wissen in den Menschen erscheinen. Wenn diese Menschen dann entschlüsseln, wer sie wirklich sind, wird ihre vorherige Lebensweise für sie nicht mehr von Interesse sein. Zusammen werden sie den höheren Ton erklingen lassen, der dann jeden zur fünftdimensionalen Schwingung erwecken wird.

Ich weiß, dass die große Bewusstseinserhöhung in die Lebensweise der fünften Dimension bis zum Jahre 2012 stattfinden muss, denn dann endet der Maya-Kalender, dann kommt der Christus und es ist der Mittelpunkt zwischen dem Einatmen und dem Ausatmen von Brahma. Was dann geschehen wird, geht über unsere Vorstellungskraft hinaus, da Göttliche Wellen durch das Universum schwingen und uns zur Ebene des Lichts erheben. Es ist die bedeutendste Gelegenheit zum Wachstum, die unsere Seele jemals haben wird. Je besser wir vorbereitet sind, umso leichter wird der Übergang in das strahlende Licht sein, das wir sein werden. Unsere persönliche Reinigung und die Reinigung unseres Planeten muss bis dahin erledigt sein.

Wir haben bereits die Aufmerksamkeit und die Hilfe der Erleuchteten wie beispielsweise Lord Kumeka. Wenn wir unser Licht weiter erhöhen, werden auch andere große Wesen kommen, um uns zu helfen.

Wir leben wirklich in unglaublichen Zeiten. Jeder einzelne Mensch, der sich auf die höheren Schwingungen ausrichtet und sich der Geburt des Planeten in die fünfte Dimension und dem Aufstieg widmet, wird Belohnungen erhalten, die über seine kühnsten Träume hinausgehen.

Ein Wort der Warnung: Es findet auch die Polarisierung von Licht und Dunkelheit statt. Unterschätze niemals die Macht der Dunkelheit, die auf die Fluten von Licht reagiert. Religiöse und politische Einschränkungen müssen fallen und viele Menschen werden stolpern und in der Verwirrung verloren sein. Versammele dich mit anderen Lichtarbeitern zum Schutz und strahlt euer Licht immer weiter aus, damit es anderen den Weg zeigen kann.

Erinnere dich auch daran, dass die Erde wie ein großer Wandteppich ist. Nur die Meister besitzen die Übersicht und jeder von uns, der sich der Verwirklichung dieses Planes widmet, wird seine Aufgabe erhalten. Unsere Aufgabe ist, unsere Arbeit zu tun. Vergleiche dich nicht mit anderen. Sage nicht: »Diese Person hat mehr Klienten, verdient mehr Geld, leitet eine Klinik, erledigt Arbeit, die wichtiger ist, hat einen Sitz im Parlament und kann mehr Menschen beeinflussen.« Vergiss solche Gedanken!

Sobald du dich deinem Aufstieg widmest und dem Göttlichen Plan beim Aufstieg des Planeten hilfst, wirst du vom Universum aufgrund deiner Talente auf den passenden Platz gestellt. Du wirst die richtigen Menschen anziehen, die du führen und entflammen kannst.

Du bist zur richtigen Zeit am richtigen Ort. Alles in deiner Welt ist stimmig.

44. Kapitel

Schlüssel zum Aufstieg

Du kannst aufsteigen, ohne die Informationen in diesem Buch zu kennen. Du kannst aber auch alle Übungen in diesem Buch machen und trotzdem nicht aufsteigen.

Der Grund dafür ist, dass wir, um aufsteigen zu können, in unseren Herzen das Leben eines Kindes führen müssen. Der Kopf blockiert das Herz, und um aufzusteigen, muss das Herz den Kopf führen.

Ein Kind hat die magischen Eigenschaften der Unschuld. Dies bedeutet, unsere Essenz zu leben und unseren Gefühlen treu zu bleiben. Der Kopf zerstört den Enthusiasmus, die Freude und die Naivität unseres wahren Selbst.

- *Um aufzusteigen, müssen wir alle Aspekte unseres Lebens meistern.*

Checkliste und Anleitung für den Aufstieg

Die Grundlagen

1. Sei du selbst. Versuche nicht, jemand zu sein, der du nicht bist.
2. Tue nur, was dir getan werden soll.
3. Erkenne Gott in allen Dingen.

Die physische Ebene

4. Kläre und reinige dein Haus. Lass Überflüssiges los. Wo physischer Schmutz ist, ist auch psychische Verunreinigung.
5. Ernähre dich nach Möglichkeit leicht, biologisch und vegetarisch.
6. Mache Körperübungen.
7. Sorge für ausreichend Schlaf.
8. Nimm dir Zeit, um Spaß zu haben.
9. Erschaffe dir nützliche Routine und Rhythmen in deinem Leben.

Die emotionale Ebene

10. Kümmere dich um dein inneres Kind.
11. Stärke dich auf emotionaler Ebene, sodass dich niemand verärgern oder beeinflussen kann.
12. Erschaffe dir kosmisch-weise Eltern, die dich nähren, schützen und ermutigen.
13. Erledige deine Aufgaben und lass andere ihre erledigen.
14. Versetze dich in die Sichtweise von anderen Menschen.
15. Sei dir der guten Eigenschaften deiner Feinde bewusst.
16. Verzeihe.
17. Sei offen und großzügig.
18. Höre mit dem Herzen zu, damit du verstehst, und nicht mit dem Verstand, mit dem du nur reagierst.

Die geistige Ebene

19. Erfülle deinen Geist mit Mantras.
20. Mache täglich Affirmationen.
21. Bleibe in allen Situationen ruhig und zentriert.
22. Lasse emotionale und materielle Sehnsüchte los.
23. Übernimm für dein Leben die volle Verantwortung.
24. Halte nach den Signalen und Wegweisern Ausschau, die deinen Weg auf der Erde bestimmen.

Entscheidungen

25. Suche dir deine Freunde und Partner mit Sorgfalt aus.
26. Wähle deine Gedanken, Worte und Handlungen mit Sorgfalt.
27. Lese nur solche Dinge und schaue dir nur solche Sendungen und Filme an, die deine Schwingung erhöhen.
28. Tue alles nur in Maßen. Meistere deine Süchte und Exzesse.
29. Kultiviere höhere Eigenschaften wie Freundlichkeit, Großzügigkeit und Fürsorge.

Erinnere dich

30. Akzeptiere, dass alles und jeder göttlich ist. Gott ist im Baum und in der Küchenschabe. Behandle beide dementsprechend.
31. Segne deine Feinde wie auch deine Freunde. Sie sind alle Teil der Göttlichen Einheit.
32. Übergib Gott deine Sorgen und hole sie nicht zurück.
33. Erinnere dich daran, dass Herausforderungen Gelegenheiten für Wachstum sind. Wenn du nicht bereit gewesen wärest, hätte man sie dir nicht angeboten.

Schutz

34. Bitte die Engel, dich zu beschützen und dir zu helfen.
35. Schütze dich mit den Methoden in diesem Buch oder mit anderen, die sich für dich richtig anfühlen.

Kreatives Visualisieren

36. Denke daran, dass kreatives Visualisieren der Baustein für dein zukünftiges Leben ist.
37. Visualisiere, wie die Mauern um dein Herz fallen.
38. Visualisiere, was du erschaffen möchtest.
39. Visualisiere, wie andere das bekommen, was sie brauchen.

Spirituelle Praxis

40. Lache viel und nimm das Leben leicht.
41. Meditiere täglich und pflege die stillen Momente der Besinnung.
42. Gib immer Dank und Segen.
43. Bete oft und voller Hingabe. Verbinde dich mit den Engeln, geistigen Führern und Aufgestiegenen Meistern.
44. Lies spirituelle Bücher.
45. Schweigen ist Gold. Wenn du nichts Gutes zu sagen hast, sage nichts.

Dienst

46. Hilf dem Planeten und anderen Menschen.
47. Denke daran, dass die Leiden eines anderen Menschen letztlich deine eigenen Leiden sind. Biete deine helfende Hand an.
48. Erfülle deine täglichen Pflichten und langweiligen Aufgaben mit Würde.
49. Sai Baba sagt: »Hände, die helfen, sind heiliger als Hände, die beten.«

Die wichtigste Frage

50. Frage dich: »Würde ein Aufgestiegener Meister dies denken, sagen oder tun?«

Über die Autorin

Diana Cooper ist Therapeutin, Heilerin und Autorin. Mit ihren Seminaren und Therapiesitzungen hat sie unzähligen Menschen geholfen, ihre Lebensmission zu finden und ihr Potenzial zu entdecken. Diana Cooper folgt beständig ihrer inneren Führung und lebt, was sie lehrt.

Sanft wie ein Flügelschlag und wahre Nahrung für unser Herz

◈ ◈ ◈ Edwin Courtenay ◈ ◈ ◈

RITUALE UND GEBETE DER AUFGESTIEGENEN MEISTER

Von den Lords und Ladies von Shambhala

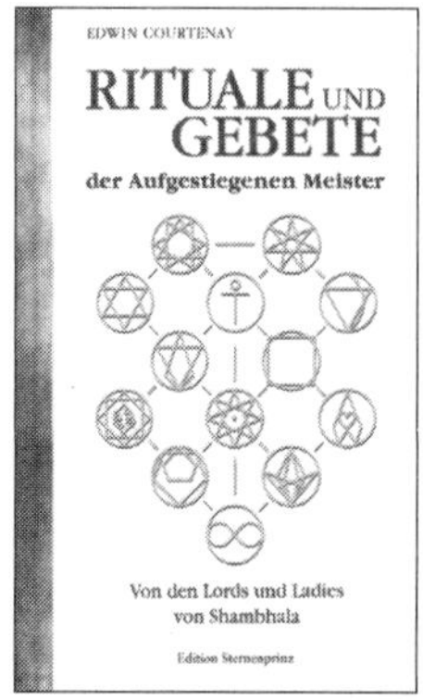

Blockaden lösen mit der Kraft unseres Willens und ein wenig Hilfe vom Universum. Aufgestiegene Meister geben Lebenshilfe, damit wir uns wieder mit unserem Herzen und inneren Kräften verbinden können.

128 Seiten, gebunden,
mit 13 farbigen Symbolkarten
€ (D) 15,90 / sFr 27,40
ISBN 978-3-929475-41-8

Der Weg der Aufgestiegenen Meister zur Vollkommenheit

◈ ◈ ◈ Edwin Courtenay ◈ ◈ ◈

REFLEXIONEN – DIE MEISTER ERINNERN SICH

Berichte der Aufgestiegenen Meister über ihre Erdenleben

Jesus, Saint Germain, Kwan Yin, Maria u. a. erzählen über ihre Erdenleben und ihren Weg zur Vollkommenheit. Ihre Erfahrungen spiegeln sich auch in unseren Leben wider: die Suche nach der eigenen Identität, Selbstakzeptanz, Hingabe und Mitgefühl.

128 Seiten, gebunden
€ (D) 14,90 / sFr 25,80
ISBN 978-3-929475-71-5

Zeitenwende in den Zellen

◈ ◈ ◈ Tashira Tachi-ren ◈ ◈ ◈

Der Lichtkörper-Prozess

12 Stufen vom dichten zum lichten Körper

Die mittlerweile auch von Wissenschaftlern anerkannte Schwingungserhöhung der Erde und ihrer Bewohner hat nicht nur Auswirkungen auf das Bewusstsein des Menschen, sondern transformiert auch seinen physischen Körper. Erzengel Ariel beschreibt die zwölf Stufen des „Lichtkörper-Prozesses“ und gibt Erklärungen für die vielfältigen körperlichen Symptome, die auf dem Weg vom „dichten zum lichten Körper“ auf jeder Stufe auftreten. Es wird klar herausgestellt, dass dieser Lichtkörper-Prozess keine spirituelle Technik für eine „esoterische Elite“ ist, sondern alle Menschen und den Planeten Erde betrifft. Ariel gibt uns Werkzeuge, Techniken und kraftvolle Invokationen, die uns in dieser Zeit des Übergangs helfen. Dieses Buch ist die ideale Ergänzung für das „Handbuch für den Aufstieg“ von Tony Stubbs.

„Die beste Erklärung des Lichtkörper-Prozesses und sie kommt direkt von Erzengel Ariel. Eine Pflichtlektüre für jeden Lichtarbeiter!“

Tony Stubbs

128 Seiten, gebunden
€ (D) 14,90 / sFr 25,80

ISBN 978-3-929475-66-1

Licht auf die Themen Liebe, Energie, Materie, Aufstieg

◈ ◈ ◈ Tony Stubbs ◈ ◈ ◈

HANDBUCH FÜR DEN AUFSTIEG

Das Ende des Karmas und das Einswerden
mit deinem Höheren Selbst

*Material gechannelt
von Serapis
durch Tony Stubbs*

Dieses Handbuch für den Aufstieg mit seinen Übungen und Techniken ist eine praktische „Gebrauchsanleitung" für den aufsteigenden Lichtarbeiter. Präzise und doch mit trockenem Witz enthüllt Serapis in zeitgemäßer Sprache, was Eingeweihte schon seit Tausenden von Jahren wissen. Und er erklärt uns, wie wir dieses Wissen für die kommenden tumultreichen Jahre verwenden können. Um zur Quelle zurückzukehren, müssen wir aufsteigen. Serapis zeigt uns, wie wir dies mit Anmut, Leichtigkeit und Freude tun können.

Ein spirituelles Standardwerk!

160 Seiten, gebunden
€ (D) 15,90 / sFr 27,40

ISBN 978-3-929475-42-5

John Payne
Die vier Prinzipien der Schöpfung
Material gechannelt von Omni
240 Seiten, Paperback
€ 12,90 (D) / sFr 22,60
ISBN 978-3-939570-06-6

Edwin Courtenay
Rituale und Gebete der Erzengel
216 Seiten, Hardcover,
€ 14,90 (D) / sFr 25,80
ISBN 978-3-934647-06-0

MA'al
Invokationen des Lichts
Einweihungen der spirituellen Hierarchie
158 Seiten, Hardcover
€ 14,90 (D) / sFr 25,80
ISBN 978-3-934647-67-1

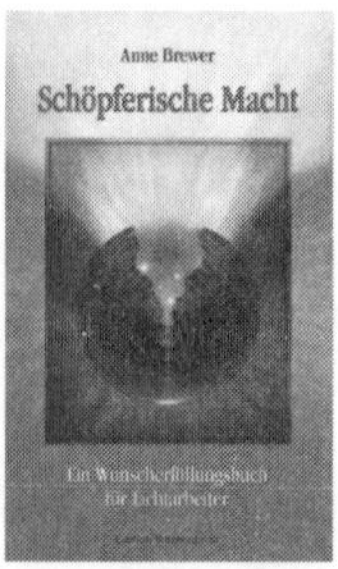

Anne Brewer
Schöpferische Macht
244 Seiten, Hardcover
€ 17,90 (D) / sFr 30,50
ISBN 978-3-934647-26-8

Anne Brewer
Zwölfstrang-DNS
240 Seiten, Hardcover
€ 17,90 (D) / sFr 30,50
ISBN 978-3-929475-88-3

MA'al
Transformation und Wandlung
115 Seiten, Hardcover
€ 12,90 (D) / sFr 22,60
ISBN 978-3-934647-85-5

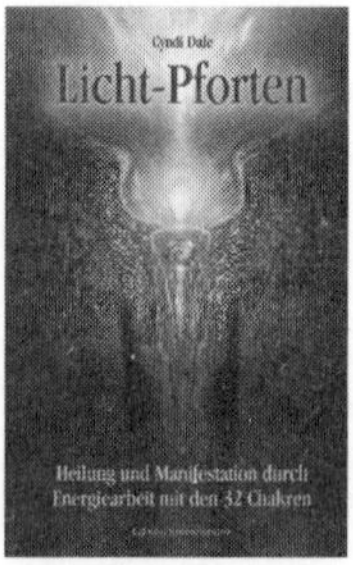

Cyndi Dale
Licht-Pforten
344 Seiten, Hardcover,
4 Farbtafeln, 37 s/w-Abb.
€ 20,90 (D) / sFr 35,30
ISBN 978-3-929475-99-9

Daniela Schenker
Kuan Yin
168 Seiten, Hardcover
€ 18,90 (D) / sFr 32,10
ISBN 978-3-934647-08-4

Ileah
Mutter Maria in ihren eigenen Worten
110 Seiten, Hardcover
€ 15,90 (D) / sFr 27,40
ISBN 978-3-934647-22-0